JN457690

경인교육대학교 특성화사업단
T-멘토링 총서 2

영상 이미지, 어떻게 가르칠까?

초등교사를 위한 영상 언어교육 길라잡이

정현선 · 이미숙 · 기성윤 공저

MENTORING

학지사

이 책의 성격 및 목적

학교나 어린이 도서관, 영상미디어센터 등 다양한 교육기관에서 어린이들을 가르치는 사람들을 만나면 영상 이미지를 포함한 미디어 교육에 대하여 반복되는 질문을 받곤 한다. 그러한 질문에 답을 하고자 하는 마음에서 이 책을 쓰게 되었다. 영상 이미지 교육의 필요성과 목적, 구체적인 방법과 유의할 점, 학교 교육과정과의 연관성 등에 관해 비교적 쉽게 설명하고자 한 것이다.

영상 이미지 교육에 관심을 갖고 있거나 혹은 영상 이미지 교육이 무엇인지 궁금한 교사들, 영상 이미지나 미디어를 동기 유발 자료 등으로 수업에 활용해 보았으나 어딘지 핵심을 놓치고 있다고 느끼는 교사들, 2007년에 개정된 국어과 교육과정에 미디어 관련 내용이 대폭 강화되었다고 하는데 이를 어떻게 가르쳐야 할지 막막한 교사들, 학교에서 방송반이나 영화반 등을 운영하고 있는 교사들, 학교 도서관 등에서 영화나 애니메이션 등 영상물 상영을 하고 있으나 한 걸음 더 나아가기 위해 무엇을 해야 할지 난감한 사람들, 혹은 반드시 교사가 아니라 하더라도 학교나 어린이 도서관 등에서 영상 미디어 교육을 하고 있는 사람들, 마지막으로 영상 이미지에 대해 자녀들을 어떻게 지도해야 할지 궁금해하는 부모들이 이 책의 독자가 될 수 있을 것이다.

영상 이미지 교육을 위해서는 좋은 교재를 만드는 일도 중요하지만, 영상 이미지 교육에 관한 교사의 문제의식과 안목, 발문 능력, 적합한 자료를 선별하는 능력을 기르는 것이 더 중요하다고 생각한다. 사실 조금만 관심을 갖고 서점이나 인터넷에서 자료를 찾아보면 영상 이미지 교육과 관련된 교재들을 꽤 찾아볼 수 있다. 그러나 정작 그러한 교재들을 자신이 가르치는 어린이들의 관심과 능력, 스스로의 교육 목표에 적합한 방식으로 재구성하거나 적절히 활용할 수 있으려면 교사 자신의 안목을 기르는 것이 우선되어야 한다. 이 책은 바로 이와 같이 가르치는 이들에게 도움이 되고자 하는 바람에서 기획되었다.

이 책이 만들어지는 과정에서 특별히 도움을 준 사람들이 있다. 우선 경인교육대학교 교육대학원 국어교육과에서 '미디누리'라는 공부 모임을 만들어 미디어 교육에 대해 함께 공부하고 있는 초등학교 교사들에게 특별히 고마움을 전하고 싶다. 호주에서 발간한 초등학교 국어과 교육과정 해설서 가운데, 미디어 교육 관련 내용에 관한 설명과 수업 아이디어를 제시한 책인 『Teaching Viewing and Visual Texts: Primary』(1996)를 미디누리 회원들과 함께 공부한 것이 이 책을 쓰는 데 큰 영향을 미쳤다. 학교에서 어린이들을 가르치고 여러 가지 행정적인 일에 시달리는 가운데에서도, 영어로 된 원서를 완역하고 토론하면서 이를 우리 교육 현실에 적용할 수 있는 방안을 모색한 그들의 열정과 노력이 있었기에 이 책을 처음으로 구상할 수 있었다.

이 책은 2008년 수도권 대학 특성화 지원사업의 재원을 받아 출판되었다. 이 책이 출판될 수 있도록 도와주신 경인교육대학교 특성화

사업단과 학지사 관계자 여러분께 감사의 말씀을 전한다. 또 이 책의 집필 방식과 내용 구성에 대해 자문을 해 준 미디어 교육 전문가인 강인경, 권혜령 선생님께도 감사를 드린다.

이 책은 초등교사를 위한 가이드북으로 만들어졌지만, 영상 이미지 교육에 대한 기초적인 이해에 도움을 받고자 하는 중등 교사들에게도 도움이 될 수 있을 것이다. 영상 이미지 교육에 관심을 가진 많은 이들이 두루 읽고 활용할 수 있는 책이 되기를 바란다.

2009년 2월

저자 일동

이 책의 내용

이 책은 모두 3장으로 구성되어 있다. 제1장은 영상 이미지 교육에 관한 이론적 기초라 할 수 있는데, 교사들이 흔히 하는 질문에 관한 답변의 형식으로 내용을 기획하였고, 글을 쓰는 방식도 실제 강의를 하는 것처럼 쉽게 서술하고자 하였다.

제2장은 실제로 교사들이 수업에 적용할 수 있는 아이디어를 제시하는 내용으로 구성되어 있다. 이 부분이 영상 이미지 교육 컨설팅의 핵심이라 할 수 있을 것이다. 여기서는 영상 이미지 교육의 기초가 될 수업 활동을 위한 16가지 아이디어를 제시하고 있다. 이 가운데에는 영상 이미지의 힘과 영향력에 대해 알아보도록 하는 활동, 또 영상 이미지의 의미 작용과 이야기의 가치에 대해 이해하고 감상하도록 하는 활동, 이미지를 중심으로 책표지나 학급 신문 혹은 영상물을 만들어 보도록 하는 활동 등이 포함되어 있다. 영상 이미지의 이해와 감상에 초점이 있는 활동들의 경우에는 '~할까요?'와 같이 질문의 형식으로 제목을 구성하였고, 영상 이미지를 직접 만들어 보는 데 초점이 있는 활동들의 경우에는 '~해 봅시다.'와 같은 제안의 형식으로 제목

을 구성하였다.

각각의 아이디어를 몇 차시로 구성할 것인지에 대해서는 교사가 스스로 결정하는 것이 바람직할 것으로 생각하여 별도로 제시하지 않았다. 책을 읽으면서 교사보다는 어린이의 입장이 되어 머릿속에서 수업 장면을 그려 보면, 각각의 아이디어를 몇 차시로 구성할 수 있을지 답이 나올 것이다. 어린이들의 관심과 능력, 그리고 교사의 목표에 따라, 어떤 아이디어는 한 시간의 수업으로 마칠 수도 있을 것이고, 어떤 아이디어는 두 시간을 할애해 수업할 수도 있을 것이다. 그 결정은 학습자의 경험과 준비 정도, 교사가 초점화하려는 목표에 따라 달라질 것이다. 이 책은 수업 시간에 바로 가져가 쓸 수 있는 교재가 아니라, 교사들이 수업을 계획하고 준비하는 단계에서 도움을 받을 수 있는 아이디어를 모아 놓은 책이라는 점을 다시 한 번 강조하고 싶다.

제3장은 영상 이미지 교육이 교육과정과 어떻게 연관되는지에 대해 국어과, 사회과, 도덕과, 미술과, 실과과 등 관련 교과의 교육과정을 분석하여 제시하였다. 이 부분은 특별히 학교에서 어린이들을 가르치는 이들을 위해 마련한 것이다. 아무리 좋은 내용이라 해도 학교 교육과정과의 연관성이 확보될 때에라야 제대로 학교에서 교육될 수 있기 때문이다. 영상 이미지 교육은 창의적 재량활동이나 특별활동과 같이 별도의 시간을 내서 실시할 수도 있지만, 그렇게 하기 어려운 경우가 더 많다. 별도의 시간을 내기 어려운 경우에는 기존의 교육과정을 참고하여 한 걸음만 더 나아가는 방식으로 영상 이미지에 대해 알려 주는 교육을 할 수 있다. 독자에 따라서는, 3장을 먼저 읽고 나서 1장과 2장을 읽는 것이 더 유용할 수 있을 것이다.

이 책을 읽고 나면 영상 이미지 교육에 대해 조금 더 알아보고 싶거나 공부하고 싶은 욕심이 생길 수 있다. 이를 고려하여 교사가 참고할 수 있는 영상 이미지 관련 책이나 교재, 지침서 등을 제시하였고, 교사 연수를 받고자 하는 교사들이 수강할 수 있는 강의 등을 안내하여 도움이 되고자 하였다. 이 내용들 역시 독자의 관심에 적합한 방식으로 활용되기를 바란다.

차 례

제 1 장

영상 이미지 교육의 기초

1. 영상 이미지 교육, 이것이 궁금해요
2. 영상 이미지에 대해 무엇을 가르치나요?
3. 영상 이미지 교육, 이것이 중요해요

제 1 장

영상 이미지 교육의 기초

1. 영상 이미지 교육, 이것이 궁금해요

1) 영상 이미지를 왜 국어 시간에 가르치나요?

지난 일주일간 여러분이 주변 사람이나 우리 사회에 일어난 새로운 소식이나 정보를 어떤 경로를 통해 접하게 되었는지, 사람들에게 개인적인 소식이나 공적인 의견을 전달할 때 어떤 방법을 사용했는지 떠올려 보세요. 아마도 여러분은 가까이 지내는 사람들의 모습이나 새로 태어난 아기가 자라는 모습을 담은 사진을 보기 위해 미니홈피나 블로그를 방문했을 것이고, 텔레비전이나 인터넷 쇼핑몰의 광고를 보면서 사고 싶은 물건의 목록을 작성해 보았을 것입니다. 학교에서도 외부인이 학교에 방문하면 말이나 글로만 설명하지 않고 홍보 동영상을 보여 주는 일이 많아졌습니다. 또한 신문이나 잡지, 텔레비전이나 라디오 방송, 인터넷 등을 통해 우리 사회나 지구촌의 소식을 접하며 많은 이미지들을 보았을 것입니다. 이처럼 영상 이미지는 생활 곳곳에 파고들어 우리가 살아가는 모습을 기록할 수 있게 하고, 다른 사람들과 친근한 관계를 유지하게 하며, 우리의 생각과 정서에 영향을 미치고, 사회적 여론을 형성하며, 어떤 행동을 하게 만들기도 합니다.

학교에서 국어교육을 하는 목적은 자라나는 세대로 하여금 언어를 통해 이루어지는 의미 작용을 비판적으로 이해하고, 효율적으로 그리고 때로는 감동적으로 의사소통할 수 있는 능력을 기름으로써, 다른 사람들과 관계를 맺고 세상을 주체적으로 이해하며 현실에 참여할 수 있도록 하는 데 도움을 줄 수 있도록 하기 위해서라고 할 수 있습니다. 과거에는 이러한 의미 작용과 의사소통이 주로 말과 글을 통해 이루어졌습니다. 여러 나라에서 근대적인 교육기관인 학교를 만들고 교육과정을 편성하면서 모국어 교육을 중시했던 이유 가운데에는, 모국어로 된 언어 자료나 문학작품의 학습을 통해 각 나라 혹은 민족의 정체성을 더욱 튼튼히 하려는 목적이 있었습니다. 그러나 모국어 교육의 가장 중요한 목적은 사회에서 필요한 말하기와 글쓰기 등 효율적 의사소통 능력을 기르기 위한 목적, 독서를 통해 지식과 정보를 비판적으로 수용할 수 있는 능력과 문학작품 읽기를 통해 심미적이고 문화적인 안목과 교양을 갖추도록 하기 위한 것이라 할 수 있습니다.

이와 같은 모국어 교육의 목적은 영상 이미지를 가르치는 이유에도 그대로 적용될 수 있습니다. 독서를 통해 지식과 정보를 접하는 일은 여전히 중요하지만, 오늘날에는 미디어 환경의 변화로 인해 텔레비전이나 인터넷 동영상 등 다양한 영상 이미지를 통해 지식과 정보를 접하는 일이 더욱 많아졌습니다. 더욱이 디지털 카메라와 인터넷의 활발한 보급으로 인해, 과거와는 달리 방송국에서 일하는 사람들이나 전문적인 사진작가가 아닌 일반 사람들도 쉽게 사진이나 동영상을 찍고 자신이 찍은 사진이나 동영상을 인터넷의 미니홈피나 블로그를 통해 다른 사람들과 나누는 일이 일상화되었습니다. 인류가 오랫동안 말과 글로 향유해 온 이야기도 이제는 사진, 그림책, 만화, 애니메이션, 영화, 텔레비전 프로그램, 동영상 등 시각적 이미지를 중심으로 한 영상 언어에 담겨 전달되고 공유되고 있습니다. 따라서 현대사회에서 의미 작용을 이해하고 의사소통하기 위해서는 문자 언어로 읽고 쓰는 능력뿐 아니라 영상 언어로 읽고 쓰는 능력을 기르는 일이 매우 중요합니다. 국어교육의 본질이 의미 작용의 이해와 의사소통 능력을 기르는 데 있다는 점에서, 이제는 문자와 음성 언어뿐 아니라 영상 언어를 통해 이루어지는 의미 작용도 국어 시간에 중요하게 다루게 된 것입니다.

국어 시간에 영상 이미지의 의미 작용에 대해 가르치는 것은 다른 여러 나라에서도 찾아볼 수 있습니다. 모국어 교육을 근대적인 학교 교육에 가장 먼저 도입했던 영국도 1989년에 처음으로 국가 수준의 교육과정을 도입하면서 모국어 교육의 교육과정에 미디어 교육을 포함하였고, 이는 다른 여러 나라의 모국어 교육에도 영향을 주었습니다. 특히 영국에서는 2007년에 모국어 교육의 교육과정을 개정하면서, '읽기' 영역의 학습 내용에 "미디어 텍스트, 동영상 이미지 텍스트, 복합 양식 텍스트[1]의 어휘, 이미지, 사운드의 결합이 갖는 영향에 대해 분석하고 평가할 수 있다."(Qualifications and Curriculum Authority, 2007: 65)라는 내용을 명시하기도 했습니다. 호주의 경우에는 '말하기/듣기' '읽기/쓰기' 이외에도 영상 미디어 텍스트를 수용하는 활동을 뜻하는 '보기(viewing)'를 모국어

1) 복합 양식 텍스트란 'multimodal text'를 번역한 말입니다. 여기서 '양식(mode)'이란 언어나 기호의 형식을 뜻합니다. 문자 언어, 음성 언어, 사람의 표정, 몸짓, 시각적 이미지, 소리, 음악 등이 모두 양식에 해당합니다. 문자 언어를 위주로 하는 글의 경우에는 하나의 양식만을 사용한다는 점에서 '단일 양식 텍스트(monomodal text)'로 볼 수 있습니다. 반면, 글과 그림이 어우러져서 의미를 만들어 내는 그림책의 경우에는 글과 그림이 복합적으로 사용된다는 점에서 복합 양식 텍스트로 볼 수 있습니다. 영상물의 경우에는 다양한 양식이 복합적으로 어우러져 의미를 만들기 때문에 복합 양식 텍스트에 속합니다(정현선, 2007: 101).

교육과정에서 중요하게 다루고 있습니다. 또한 모국어 교육에서 다루어야 할 텍스트의 종류에도 '일상적 텍스트'와 '문학적 텍스트'뿐 아니라 '미디어 텍스트'를 포함하고 있습니다. 캐나다의 경우에도 초등학교의 모국어 교육과정의 영역을 '쓰기' '읽기' '음성과 시각적 의사소통'으로 구분하여 접근하고 있습니다. 이처럼 세계 여러 나라의 모국어 교육에서 영상 텍스트의 의미 이해를 국어교육에 포함하게 된 것은 의미심장한 일입니다. 이는 모국어 교육이 '우리말'을 다듬고 효율적으로 사용하는 것뿐 아니라, 의미를 담고 있는 다양한 형태의 텍스트를 이해하고 생산할 수 있는 능력과 이를 바탕으로 의미 있게 다른 이들과 소통할 수 있는 발판을 마련해 주기 위한 방향으로 진화하고 있는 것으로 볼 수 있을 것입니다.

2) 미디어 교육은 미디어 활용 교육과 어떻게 다른가요?

미디어 교육이라고 하면 미디어 활용 교육이라고 생각하는 경우가 많습니다. 그러나 미디어 교육은 미디어에 담긴 의미를 비판적으로 이해하고 미디어를 통해 개인적, 사회적 혹은 예술적인 의사소통을 할 수 있는 능력을 기르는 교육으로, 교수 · 학습을 위해 미디어를 보조 자료로 활용하는 교육과는 구분됩니다. 마치 수학교육이라고 하면 수학에 대해 배우는 교육을 뜻하고, 음악교육이라고 하면 음악에 대해 공부하는 교육을 뜻하는 것이지, 수학이나 음악에 대한 내용을 소재로 하여 다른 것을 가르치는 교육을 뜻하는 것이 아닌 이치와 마찬가지라 할 수 있습니다.

그럼에도 불구하고 우리 교육 현장에서는 미디어 교육이라고 하면 미디어 활용 교육을 뜻하는 것으로 오해하는 경우가 많습니다. 그 이유는 학생들이 미디어에 대해 일반적으로 관심이나 호감이 많을 뿐 아니라 수업 시간에 다루려는 내용과 관련하여 시의성 있는 소재를 신문이나 방송 프로그램, 혹은 인터넷을 통해 쉽게 구할 수 있기 때문에 선생님들이 미디어를 수업의 보조 자료로 자주 활용해 왔기 때문이 아닐까 합니다. 또 국가적으로도 정보통신 기술이 발달하면서 컴퓨터와 인터넷, 대형 스크린 텔레비전 등을 교육 현장에 신속하게 보급하는 등 교육정보화 사업에 막대한 예산을 투자해 왔기 때문에, 학교 현장에서는 미디어의 의미에 대해 이해하는 미디어 교육보다는 미디어를 교수 · 학습의 보조 수단으로 활용하는 교육에 대해 훨씬 더 익숙한 것도 사실입니다.

그러나 미디어에 담긴 의미나 미디어가 의미를 만들어 내는 방식에 대해 이해하도록 하는 미디어 교육은 미디어를 교수 · 학습의 보조 수단으로 활용하는 교육과는 분명히 다른 것입니다. 예를 들어, 텔레비전의 뉴스 프로그램을 학생들에게 보여 주면서 아나운서의 정확한 발음을 따라 하게 하는 국어 수업이 있다면, 이때 초점은 미디어를 보조 자료로 활용하여 발음 교육을 하는 데 있는 것이지, 뉴스의 의미를 비판적으로 이해하는 데 있는 것이 아닙니다. 아나운서의 정확한 발음이 좋은 뉴스를 만드는 데 필요한 요소일 수는 있지만, 뉴스의 내용을 이해하는 데 가장 본질적인 요소는 아니라는 점에 대해 누구나 쉽게 공감할 수 있을 것입니다. 미디어 교육은 미디어의 의미에 대해, 그리고 미디어에서 의미가 만들어지는 방식에 대해 비판적으로 이해하는 것을 초점으로 하는 교육이라 할 수 있습니다.

2007년에 개정된 국어과 교육과정에는 만화나 애니메이션을 보고 인물의 성격을 시각적으로 표현하는 방식을 알아보는 내용, 광고에 나타난 정보의 신뢰성을 평가하는 내용, 온라인 대화를 일상 대화와 비교하여 이해하는 내용, 학교나 지역사회에서 일어난 중요한 사건에 대해 보도하는 기사문을 쓰는 내용, 뉴스를 듣고 정보에 관점이 반영됨을 이해하게 하는 내용 등 미디어의 의미 작용을 비판적으로 이해하도록 하는 내용이 담겨 있습니다. 이러한 내용들은 모두 미디어에 담긴 의미를 이해하고 미디어가 의미를 만들어 내는 방식에 대해 이해하도록 하는 것을 초점으로 하고 있다는 점에서 미디어에 대한 교육이라고 할 수 있습니다. 초등학교 교육과정에 영상 미디어 교육이 어떻게 반영되어 있는지에 대해서는 이 책의 3장을 참고하면 더 자세한 내용을 알 수 있습니다.

미디어 교육이 국어 시간에만 이루어지는 것은 아닙니다. 미디어에 대해 어떤 측면에서 다루는가에 따라 국어 시간에 다룰 수도 있고, 사회 시간에 다룰 수도 있고, 도덕 시간에 다룰 수도 있고, 미술 시간에 다룰 수도 있습니다. 또한 창의적 재량활동이나 특별활동 시간에 미디어에 대해 좀 더 포괄적이고 통합적인 방식으로 다룰 수도 있습니다. 예를 들어, 사회과 교육의 교육과정에는 현대사회에서 대중매체가 미치는 긍정적 · 부정적 영향을 파악하도록 하는 내용이 포함되어 있고, 도덕과 교육의 교육과정에도 인터넷에서 어린이들이 경험하는 도덕적 문제나 인터넷 예절의 실천 방법에 관한 내용, 인터넷 게임 중독의 실태와 위험성에 대해 이해하고 바람직한 인터넷 게임 이용 방법을 알아보는 등의 내용이 담겨 있는데, 이러한 내용은 모두 미디어 교육의 일부라고 할 수 있습니다.

한 가지 분명한 점은 실과나 컴퓨터 시간에 컴퓨터와 같은 정보 기기의 종류나 특성, 기능을 이해하여 생활 속에서 다양한 방법으로 활용하도록 하는 정보통신 교육은 미디어 교육이 아니라는 점입니다. 국어 시간에 글쓰기를 가르치기 위해 연필 잡는 법을 가르친다고 해서 연필을 제대로 쓰는 법을 가르치는 것이 곧 작문 교육과 같은 것은 아닌 이치와 마찬가지입니다. 정보통신 교육은 미디어에서 의미가 만들어지는 언어적 · 심리적 · 사회적 · 예술적 측면에 대해 관심을 갖는 것이 아니라, 컴퓨터 등의 기기의 사용법과 관련된 기술적 측면에 관심을 갖는다는 점에서 미디어 교육과 구분됩니다. 이 책에서 '영상 언어교육'이라는 표현을 더 자주 사용하는 것은 영상 미디어에 대해 의미 작용의 측면에서 접근하는 교육을 강조하기 위해서라고 할 수 있습니다.

3) 영상 언어는 말이나 글과 전혀 관련이 없나요?

흔히 영상 언어라고 하면 그 말의 표현 때문에 마치 시각적 이미지만으로 구성된 것이라고 생각하기 쉽지만, 실제로는 그렇지 않습니다. 텔레비전 뉴스를 보는 경험을 떠올려 봅시다. 뉴스에서 의미를 전달하는 데 가장 중요한 역할을 하는 것은 아마도 뉴스의 앵커나 기자, 혹은 그 밖에 카메라에 포착된 사람들의 목소리일 것입니다. 영상 미디어에서도 사람들의 목소리, 즉 음성 언어가 의미를 전달하는 데 매우 큰 역할을 하는 것입니다. 그밖에 음악이나 소리 효과가 포함될 수 있고, 때로는 뉴스의 주요 내용이나 등장인물을 설명하는 자막이 곁들여져서 우리의 이해를 돕기도 합니다. 이렇게 보면 영상 언어에 있어서 실제로는 시각적 이미지 이외에도 음성 언어, 문자 언어 등이 의미를 나타내고 전달하는 데 중요한 역할을 한다는 점을 알 수 있습니다. 영상 언어는 하나의 언어가 아니라 다양한 '언어들'이 복합적으로 어우러져서 의미를 만들어 내는 '복합 양식 언어'의 대표적인 사례라고 할 수 있습니다.

미디어의 의미 작용, 특히 영상 언어교육을 모국어 교육의 일부에 포함시켜 중요하게 다루고 있는 호주에서는 영상 미디어 텍스트의 의미 읽기를 '보기(viewing)'라는 말로 표현하여 접근하고 있습니다. '보기'라는 말은 영상 미디어의 의미를 이해하는 활동을 뜻하는 것으로, 문자로 된 텍스트의 의미를 이해하는 활동을 뜻하는 '읽기'와 구분하기 위해 호주의 모국어 교육과정에서 만들어 낸 용어입니다. 영상 미디어의 의미 이해를 위한 '보기' 영역의 지도와 관련하여 호주에서 펴낸 교사용 지도서에서는, 문자로 이루어진 텍스트와 영상 미디어 텍스트의 의미를 읽는 것이 '의미 읽기'라는 측면에서, 그리고 실제로 그것을 지도하는 방법의 측면에서 매우 비슷하다는 점을 강조하고 있습니다. 어떤 점에서 그런지 알아볼까요?

우선 문자 언어로 읽는 것과 영상 언어로 보는 것이 어떤 점에서 비슷한지 생각해 봅시다. 첫째, 우리는 실제 경험이나 상상의 경험을 문자로 표현할 수 있는 것처럼, 영상 언어로도 실제 경험이나 상상의 경험을 표현할 수 있습니다. 둘째, 우리가 글을 쓸 때 특정한 목적과 글을 읽을 독자를 염두에 두는 것처럼, 시각적 이미지로 표현할 때에도 그 이미지를 제시하는 목적과 그것을 보게 될 수용자를 염두에 두게 됩니다. 셋째, 언어의 의미가 그 언어를 사용하는 사회공동체의 구성원들이 공유하고 있는 문화적 이해에 따라 달리 해석될 수 있는 것처럼, 시각적 이미지의 의미 또한 그러합니다. 넷째, 언어의 의미가 특정한 사회적 집단이나 대상, 현실에 대해 특정한 관점이나 고정관념을 바탕으로 구성되는 것과 마찬가지로, 시각적 의미 역시 그러합니다. 다섯째, 텍스트의 의미는 그것이 문자로 표현된 것이든 영상으로 표현된 것이든, 읽혀지거나 보여지는 맥락에 의해 영향을 받습니다. 여섯째, 하나의 텍스트는 그것을 읽거나 보는 사람이 달라지면 그들의 경험이나 지식에 따라 다른 의미를 지니게 됩니다. 마지막으로 텍스트는 그것을 쓰거나 만든 이의 사회문화적 배경이나 이해관계에 의해 영향을 받게 됩니다.

따라서 문자 언어로 된 텍스트 읽기와 영상 언어로 된 텍스트 보기는 다음과 같은 방법으로 연계하여 가르칠 수 있습니다. 첫째, 상징적인 의미를 중심으로 문자 텍스트 읽기와 영상 텍스트 읽기를 연계할 수 있는데, 이때 상징적 의미는 사회적 관습에 의해 발생된 것임을 이해하도록 하는 것이 중요합니다. 예를 들어, 문학작품에서 상징적 의미가 작용하는 방식과 영상 광고에서 상징적 의미가 작용하는 방식을 연계해서 가르칠 수 있습니다. 둘째, 문자 텍스트나 영상 텍스트의 의미를 읽을 때 그 텍스트의 유형이나 장르에 대한 지식을 사용함으로써 텍스트에 대해 어떤 기대를 갖거나 이해를 유도할 수 있습니다. 셋째, 책에서 표지가 하는 기능이 영화나 텔레비전 프로그램에서는 제목이나 차례가 하는 기능과 동일하다는 점에 대해 논의해 볼 수 있습니다. 넷째, 영상 텍스트와 문자 텍스트에서 이야기가 창작되는 방식을 비교해 볼 수 있습니다. 두 경우 모두 문제 해결 구조에 기초한 이야기 구조를 지니는 경우가 많고, 전개, 위기, 절정과 같은 구조를 지니고 있습니다. 다섯째, 문자 텍스트와 영상 텍스트에 등장하는 인물과 그에 대한 고정관념 사이에는 유사성이 있음을 지적해 줄 수 있습니다. 여섯째, 영상 텍스트와 문자 텍스트가 인물의 옷, 외모, 말하는 방법, 행동 등에 대한 묘사를 통해 인물을 형상화하는 방법에 있어 어떤 측면에서 유사한지 조사해 보도록 할 수 있습니다. 일곱째, 영상 텍스트와 문자 텍스트에서 분위기나 긴장감을 조성하는 방법을 비교해 볼 수 있습니다. 마지막으로 영상 텍스트와 문자 텍스트에서 사회적 집단을 표상하는 방법을 비교할 수 있습니다.

이러한 여러 가지 방법을 통해 문자 텍스트 읽기와 영상 텍스트 보기가 의미 읽기라는 측면에서는 비슷한 활동임을 강조할 수 있습니다. 또한 영상 텍스트의 의미를 읽는 과정에서 시각적 이미지뿐 아니라 인물의 대사, 자막 등 말과 글의 의미를 읽는 것도 중요하고, 말과 글이 이미지와 어떻게 어우러져 전체적인 의미를 만들어 내는지를 이해하는 것이 중요함을 알려 줄 수 있습니다.

4) 영상 이미지는 있는 그대로 보고 즐기면 왜 안 되나요?

영상 이미지는 우리에게 멀리 떨어져 있는 장소나 직접 볼 수 없는 사람들 혹은 상황에 대해 마치 직접 눈으로 보는 듯이 생생하게 전달할 수 있습니다. 2008년 초에 우리의 소중한 문화유산인 남대문에 화재가 발생했을 때를 떠올려 봅시다. 이 소식이 처음에 인터넷을 통해 "남대문에 화재 발생"이라는 문자 언어로 전해졌을 때와 남대문이 불길에 휩싸인 장면을 텔레비전 영상을 통해 보게 되었을 때를 비교해 보면, 영상 이미지가 전달해 준 생생한 장면으로 인한 충격이 문자 언어가 전달해 준 소식에 비해 훨씬 더 강렬한 것이었음을 떠올릴 수 있을 것입니다.

이처럼 영상 이미지는 어떤 사건이나 장면을 눈앞에 보는 듯이 생생하게 전달해 줄 수 있으며, 이로 인해 보는 이의 인식과 정서에도 큰 영향을 미칩니다. 그런데 우리 눈앞에 제시되는 영상 이미지는 있는 그대로의 사실이 아니라 누군가에 의해 선택되고 걸러진 것이며, 특정한 방식으로 구성된 이야기 속에 편집되어 배치된 결과입니다. 남대문이 불타고 있는 장면만을 계속해서 보여 줄 것인지, 아니면 남대문이 불타고 있는 현장에 달려와 망연자실한 얼굴로 그 광경을 바라보고 있는 시민들의 모습을 함께 보여 줄 것인지, 남대문의 화재를 진압하기 위해 고생하며 일하고 있는 소방관들을 클로즈업해서 보여 줄 것인지에 따라 영상물은 달리 구성될 수 있습니다.

또한 남대문과 같은 국보급 유산에 대한 보안이 평소에 어떻게 관리되고 있는지에 대해 누구의 견해를 인터뷰하여 보여 줄 것인지, 앞으로 유사한 사고가 발생하지 않기 위해 어떤 대책이 필요한지에 대해서도 취재하여 보도할 것인지 등과 같은 선택에 따라서도 영상물의 장면과 의미는 달리 구성될 수 있습니다. 그런데도 일반적으로 영상 이미지를 볼 때 우리는 그것이 누군가에 의해 선택되어 의미를 부여받는 여과의 과정을 거쳐 전달되는 것이라고 생각하기보다는, 있는 그대로의 사실과 진실을 보고 있다고 생각하는 경향이 있습니다. '보는 것이 곧 믿는 것'이라는 말은 이러한 상황에 매우 적합해 보이는 표현입니다.

영상 이미지를 있는 그대로 받아들여서는 안 되는 이유는 바로 여기에 있습니다. 어떤 대상이나 사건에 대해 쓴 글을 읽을 때 우리는 그 글의 내용이 객관적인 자료에 근거하고 있는가, 글 쓰는 이가 그 대상이나 사건을 어떤 시각에서 바라보는가, 글 쓰는 이는 독자에게 그 대상이나 사건의 어떤 측면을 강조하거나 부각시키려 하는가, 글 쓰는 이의 태도는 공정한가 등을 비판적으로 읽어 낼 필요가 있다고 배웠고 그렇게 가르치고 있습니다. 영상 이미지의 의미를 읽을 때에도 이는 마찬가지로 적용됩니다. 더욱이 영상 이미지가 사회적 사건을 보도하는 기사나 뉴스에 사용될 때에는 해당 사건에 대한 수용자들의 인식에 크게 영향을 줄 수 있기 때문에 더욱더 비판적인 읽기가 중요합니다.

미디어 학자인 거브너(Gerbner)는 이중 깔때기 모형을 통해 미디어 가운데에서도 텔레비전의 영향력을 강조한 바 있습니다. 사람들은 대부분의 경우 현실을 직접 경험하는 것이 아니라, 텔레비전과 같은 대중매체를 통해 현실을 간접적으로 경험합니다. 이중 깔때기 모형은 우리가 현실을 지각하는 데에 적어도 네 가지 단계가 있음을 보여 주고 있습니다. 1단계는 실제 현실이 '매개된 현실', 즉 대중매체에 의해 재현되는 단계입니다. 예를 들어, 일반적으로 사람들이 유명 연예인을 보게 되는 것은 그가 출연한 텔레비전 프로그램을 통해서입니다. 그 사람을 직접 보는 것이 아니라, 대중매체에 나온 그의 모습을 보게 되는 것입니다. 이것이 우리의 현실 지각이 되는 것이 2단계입니다. 유명 연예인을 실제로 본 적이 없는데도, 그 사람의 생활방식이나 인간관계에 대해 잘 알고 있다고 느끼게 되는 것이 그 예입니다. 그런데 우리는 때로 실제 현실을 직접 경험하기도 합니다. 유명 연예인이 내가 알고 있는 사람인 경우, 대중매체를 통해서가 아니라 나의 경험을 통해 그 사람을 알게 되는 것입니다. 이것이 3단계입니다. 한편, 우리가 지각한 현실은 실제 현실을 다시 구성하게 되는데, 이것이 4단계입니다. 유명 연예인에 대해 대중매체를 통해 알게 된 사실들로 인해 사람들이 그 연예인에 대해 특정한 방식으로 생각하게 되고, 그로 인해 인터넷에 그 연예인에 대해 어떤 글이 쓰인다든가 하는 것이 바로 우리가 지각한 현실이 실제 현실을 다시 구성하게 되는 예라 할 수 있습니다. 미디어를 통해 지각된 현실이 실제 우리의 현실의 일부가 되는 것입니다.

거브너의 이중 깔때기 모형은 미디어가 재현하는 많은 '현실'이 실제 현실에 근거하고 있고 또 현실적 요소를 갖고 있기도 하지만, 그 둘 사이에는 커다란 차이가 있음을 보여 줍니다. 미디어가 보여 주는 현실은 대체로 실제보다 더욱 극적인 경우가 많고, 화려하고, 강력하고, 능동적이며 빠릅니다. 그런데 대중매체를 통해 '매개된 현실'이 우리에 의해 '지각된 현실'로 전환되는 과정은 미디어로부터 수용자에게 의미가 전달되는 과정이기도 하지만, 우리가 의미를 선택하는 과정이기도 합니다. 바로 이 점을 거브너의 이중 깔때기 모형은 잘 보여 주고 있습니다. 영상 이미지가 말하는 바를 있는 그대로 받아들이지 않고, 그 의도와 의미를 비판적으로 취사선택하여 받아들이는 것은 수용자의 몫이며, 영상 이미지에 대한 교육은 수용자로 하여금 영상 이미지를 비판적으로 수용해야 한다는 점과 그렇게 할 수 있는 방법을 알려 주는 일에 초점을 둘 필요가 있습니다.

5) 영상물을 덜 보거나 보지 말라고 가르치면 되나요?

영상 미디어 교육에 대한 흔한 오해 중의 하나는 영상 미디어 교육이란 영상물을 보지 못하도록 하거나 덜 보도록 유도하는 교육이라고 생각하는 것입니다. 이러한 생각에는 영상물이 어린이들에게 유해하거나 적어도 책보다는 유익하지 않다는 시각이 전제되어 있다고 할 수 있습니다. 물론 유아나 저학년 어린이들의 경우에는 텔레비전이나 인터넷 혹은 게임 등에 지나치게 몰입하지 않도록 스스로의 여가 시간을 조절할 수 있는 능력을 길러 주는 교육이 반드시 필요합니다. 그러나 영상 미디어 교육은 영상물 수용에 대한 자기 조절 능력을 기르는 것에 그치는 것이 아니라, 영상 미디어가 제시하는 의미를 비판적으로 수용하고 더 나아가 영상 언어를 통해 의미를 만들어 내고 소통할 수 있는 능력을 기르는 것을 목적으로 하는 것입니다.

영상 미디어 교육에 대해 극단적으로 부정적인 시각을 가진 사람들은 어린이들이 일상생활에서 자연스럽게 접하는 미디어를 굳이 교육을 통해서까지 다룰 필요가 있느냐는 의문을 제기하면서, 학교에서는 어린이들이 싫어하더라도 배워야만 하는 것을 가르쳐야 한다고 주장하기도 합니다. 예를 들어, 독서의 경우에는 어린이들이 좋아하기 때문에 가르치는 것이 아니라, 오히려 어린이들이 싫어할 수 있지만 필요한 것이기 때문에 가르쳐야 한다고 말합니다. 그런데 텔레비전과 같은 영상 미디어의 경우에는 어린이들이 여가 시간을 통해 충분히 즐기고 있으니, 굳이 귀중한 학교 수업 시간을 할애하여 교육할 필요가 없다고 보는 것입니다. 그러나 이러한 생각을 하는 이유는 적어도 두 가지 측면에서 영상 미디어에 대해 오해하고 있기 때문입니다.

첫 번째 오해는 영상 미디어 자체를 오락물 혹은 유해 매체라고 보는 것입니다. 그러나 책에도 지식이나 정보와 같은 교양을 목적으로 하는 책이나 문학작품과 같은 예술적 의도를 지닌 책뿐 아니라, 오락적 목적으로 만들어진 책이 있는 것과 마찬가지로, 영상 미디어에도 다양한 목적을 지닌 프로그램들이 있습니다. 예를 들어, 텔레비전 프로그램 가운데에는 오락 프로그램만 있는 것이 아니라 뉴스나 다큐멘터리, 교육 및 교양 프로그램과 같이 정보와 지식의 습득에 직접적으로 도움이 되는 것으로 생각되는 다양한 영역이 존재합니다. 따라서 텔레비전 프로그램 전체가 오락물인 것도 아니고, 어린이들에게 절대적으로 유해한 것도 아닙니다. 특히 어린이들에게 좋은 학습 프로그램이나 다큐멘터리와 같은 교양물을 적절히 선별해 보여 주는 것은 마치 책을 읽는 것과 마찬가지로 정보와 지식을 수용하는 데 도움이 되며, 우리 사회에서 방송이 하는 역할에 대해 균형 잡힌 안목을 갖게 하는 데에도 큰 도움이 됩니다.

두 번째 오해는 영상 미디어의 의미는 알려 주지 않아도 저절로 이해가 된다고 생각하는 것입니다. 그러나 책도 읽는 이의 연령, 지식이나 경험의 정도, 글의 난이도 등에 따라 어려운 책과 쉬운 책, 좀 더 유용한 책과 그렇지 않은 책이 있는 것처럼, 영상 미디어도 보는 이의 연령, 지식이나 경험의 정도, 시각적 표현이나 편집 방식 등에 따라 이해하기 쉬운 영상물과 이해하기 어려운 영상물이 있습니다. 또, 다루는 주제나 수용자에게 말을 건네는 방식에 따라 깊은 생각을 요구하는 영상물도 있습니다. 물론 어떤 대상이나 사건이 문자 언어를 위주로 한 책보다 영상 이미지를 통해 표현될 때 보다 생생하게 전달될 수 있기 때문에 보는 이가 더 쉽게 이해할 수 있는 것은 사실입니다. 그러나 우리에게 제시되는 영상 이미지는 세상을 투명하게 보여 주는 것이 아니라, 영상물을 만드는 관습과 만드는 이들의 입장과 관점 등에 따라 현실의 어떤 측면을 선택하여 구성하는 것입니다. 눈앞에 제시되는 이미지를 그대로 받아들이는 것이 아니라, 그것이 어떻게 구성되어 제시되는 것인지까지도 볼 수 있어야만 진정으로 영상 미디어의 의미를 이해한다고 할 수 있습니다.

독서 교육이 좋은 책을 선별해 읽고 책을 읽는 올바른 습관을 기르는 것을 포함하되 책의 내용을 제대로 이해하고 주체적으로 수용함으로써 지식과 교양을 쌓게 하는 것을 목적으로 하는 것처럼, 영상 미디어 교육의 목적 역시 좋은 영상물을 선별해 보고 영상물을 보는 올바른 습관을 기르며, 이를 바탕으로 하여 영상 미디어의 의미를 제대로 읽어 낼 수 있도록 하는 데 있습니다. 책을 읽지 못하게 하거나 책을 덜 읽도록 하는 것이 독서 교육이 아닌 것처럼, 영상 미디어 교육도 영상물을 보지 못하게 하거나 덜 보도록 하는 것이 아니라는 뜻입니다. 오늘날 영상 이미지가 우리 사회에서 일어나는 여러 가지 사건이나 정보에 대해 알려 주는 데 있어 때로는 말이나 글보다도 훨씬 큰 영향력을 지닐 수 있다는 점을 고려할 때, 영상 미디어 교육에 대한 보다 균형 잡힌 시각이 요구된다고 할 수 있습니다.

6) 촬영과 편집을 반드시 해야 하나요?

영상 미디어 교육에 관해 선생님들이 가장 궁금해하는 질문 중의 하나가 교사에게 카메라를 다루는 기술과 사진이나 동영상 편집 기술이 어느 정도 필요할까에 관한 것입니다. 영상 미디어 교육이 어렵게 느껴지는 이유 가운데 하나가 바로 촬영과 편집 등 기술적인 부분에 대한 경험이나 자신감 부족이라 할 수 있습니다. 그러나 결론부터 말하자면 영상 미디어 교육은 촬영과 편집을 반드시 할 줄 알아야 할 수 있는 것이 아닙니다. 촬영이나 편집을 잘하지 못하면 영상 미디어 교육을 할 수 없다거나, 영상 미디어 교육은 곧 촬영이나 편집 기술을 가르치는 교육이라고 생각하는 것은 매우 잘못된 생각입니다. 이러한 오해가 생기는 이유는 촬영이나 편집에 대해 기술적 측면에서 바라보기 때문입니다.

사실 학교 현장에서 영상물을 교육에 활용하는 가장 보편적인 방식은 학습 내용과 관련된 영상물을 학생들에게 보여 주고 그것이 담고 있는 내용에 대해 이해하도록 함으로써, 학습 동기와 흥미를 유발하고 수업 내용에 쉽게 접근하도록 하는 것입니다. 그러나 이는 영상 미디어를 활용하여 다른 내용을 가르치는 것이지, 미디어가 어떻게 의미를 만들어 내는지에 대해 비판적으로 살펴보도록 하는 교육이 아닙니다. 따라서 이러한 접근은 미디어 교육이 아니라 영상물을 교수 · 학습을 위한 도구로 활용하는 것이라 할 수 있습니다.

그러나 만약 여기서 한 걸음 더 나아가 보여 준 영상물의 내용이 우리에게 어떤 방식으로 감동을 주거나 생각할 거리를 제공하는지에 대해, 영상물이 내용을 제시하는 방식에 주의해 보도록 하는 교육이 이루어진다면, 이는 영상 언어의 의미 작용에 대해 가르치는 교육이 됩니다. 그리고 이처럼 영상 언어가 말하는 방식에 대해 이해하도록 하는 것은 미디어 교육에 있어 매우 중요한 기초입니다. 영상 언어가 우리로 하여금 어떤 대상이나 사건에 대해 어떻게 생각하고 바라보도록 하는지, 어떤 측면에서 설득력을 갖게 되는지에 대해 탐구하도록 하는 것은 영상 미디어 교육의 핵심적 내용 가운데 하나이기 때문입니다.

어쩌면 영상 언어교육에서 촬영과 편집 능력이 차지하는 비중은 글쓰기 교육에서 연필 다루는 기술을 가르치는 것과 비슷한 것이 아닐까 생각됩니다. 연필을 올바로 잡는 법을 가르치는 것이 글쓰기 교육의 초기 단계에서 필요한 것은 사실이지만, 연필을 올바로 잡는 법을 잘 모른다고 해도 글쓰기에 엄청난 지장이 있는 것은 아닙니다. 글씨를 좀 더 예쁘게 쓰는 것도 마찬가지입니다. 학생들에게 글을 써 내라고 하면 글씨를 예쁘게 쓰는 데에 상당히 신경을 쓰는 것을 볼 수가 있습니다. 물론 글씨가 예쁜 글이 글씨가 나쁜 글에 비해 보기에 좋은 것은 사실이지만, 글씨가 나쁘다고 해서 글의 내용이 나쁜 것은 아닙니다. 글쓰기 교육이 글씨를 예쁘게 쓰도록 하는 교육이 아닌 것처럼, 영상 미디어 교육은 멋지게 촬영하고 편집할 수 있는 능력을 기르는 교육은 아닙니다.

그러나 촬영과 편집에 있어서 멋진 사진이나 동영상을 만들기 위해 기계나 장비를 어떻게 다루어야 하는지에 초점을 두는 것이 아니라, 카메라를 어떤 위치에 두고 어떤 각도로 대상을 촬영하면 그 대상이 어떻게 보이게 될 것인지, 이에 따라 그 대상의 의미가 어떻게 달리 구성될 수 있을 것인지에 초점을 둔다면 이는 영상 언어교육이 됩니다. 다시 글쓰기 교육에 대한 비유로 돌아가 보면, 이런 식의 접근은 연필 잡는 법이나 예쁜 글씨 쓰기와 같은 기술을 가르치는 것이 아니라, 어휘와 문장 구조를 어떻게 사용하면 어떤 의미를 나타내게 되는지를 알아보기 위해 문법적 장치들의 기능에 대해 가르치는 문법 교육과 같은 것이 되기 때문입니다.

의사소통의 관점에서 볼 때 좋은 글쓰기를 위해서는 언어적 표현의 기초가 되는 문법의 이해가 필요한 것처럼, 영상 미디어 교육 역시 미디어에서 의미를 표현하는 영상 언어의 문법을 배울 필요가 있습니다. 촬영과 편집에 대해 이렇게 문법 교육의 측면에서 접근하는 것은 기술적인 도구의 측면에서 접근하는 것과는 구분됩니다. 언어를 통해 이루어지는 의사소통 능력을 갖추기 위해서는 읽기 교육만이 아니라 쓰기 교육이 중요한 것처럼, 영상 언어교육에 있어서도 영상 미디어의 의미를 읽는 교육뿐 아니라 의미를 생산할 수 있는 교육이 필요하다면 학습의 어느 단계에서는 촬영과 편집에 대한 교육이 필요할 수도 있다는 뜻입니다. 그러나 거듭 강조하지만, 촬영과 편집을 잘하지 못한다고 해서 영상 미디어 교육을 할 수 없는 것이 아니며, 촬영과 편집에 대한 접근은 기술적 접근이 아니라 문법적 접근이 필요하다고 할 수 있습니다.

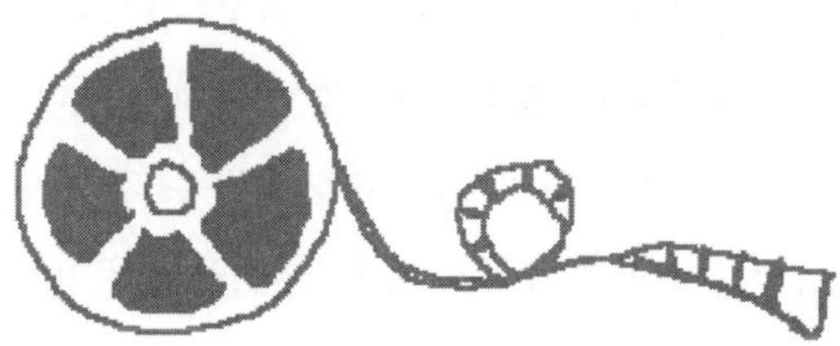

2. 영상 이미지에 대해 무엇을 가르치나요?

1) 영상 언어의 영향력과 의미 작용 방식을 이해하도록 합니다

오늘날 영상 이미지는 우리가 어떤 대상, 특정한 사람들의 집단, 사회적 사건 등 다양한 현실 세계에 대해 느끼고 이해하며, 가치 평가를 내리고 어떤 행동을 하도록 하는 데 있어 매우 큰 영향력을 지니고 있습니다. 또한 영상 이미지는 현실에는 존재하지 않는 상상의 세계나 초현실적인 세계를 마치 실제로 존재하는 것처럼 구성하여 눈앞에 제시할 수도 있습니다. 영상 이미지에 대한 교육은 이처럼 현실을 표상하거나 구성하여 우리가 생각하고 느끼고 행동하는 방식에 영향을 주는 영상 이미지의 영향력을 알고 그 의미를 비판적으로 수용하도록 하는 것이 중요합니다. 영상 언어가 어떻게 의미를 만들어 내는지에 대해 이해하는 것은 영상 언어의 영향력에 휘둘리지 않고 비판적으로 사고하고 행동할 수 있는 능력의 바탕이 됩니다.

텔레비전과 인터넷은 오늘날 사람들이 정보를 얻는 가장 주된 미디어입니다. 그럼에도 불구하고 아직까지 학교에서는 텔레비전이나 인터넷과 같이 영상 언어를 의미 전달의 매개체로 사용하는 미디어보다는 문자 언어를 위주로 하여 의미를 표현하는 책을 훨씬 더 가치 있고 중요한 것으로 여깁니다. 학교에서 독서 교육을 하는 것은 당연한 것으로 여겨지는 반면, 영상 미디어 교육을 하는 것은 아직까지 신기하고 특이한 일로 여겨집니다. 어찌 보면 지금까지의 국어교육은 의미를 표상하는 다양한 언어와 기호 중에 문자 언어를 특별히 중시했고, 그 언어와 기호를 특정한 형태로 만들어 저자(혹은 화자나 제작자)로부터 독자(혹은 청자나 수용자)에게 실어 나르는 미디어 가운데에서는 책을 특별히 중요시했다고 볼 수 있을 것입니다.

그러나 순전히 정보 저장 기능이라는 기술적 측면에서 보면, 인쇄된

책은 어떤 실재적인 대상을 저장할 수 있는 기술적 능력이라는 측면에서 볼 때, 문자 언어가 지니고 있는 제약을 고스란히 안고 있는 낡은 미디어라고 볼 수 있습니다. 이를 좀 더 자세히 설명해 보겠습니다. 의사소통의 관점에서 볼 때 사람과 사람이 직접 만나 의미를 주고받는 대면 소통에서는 눈앞에 있는 사람의 표정, 시선, 몸짓, 공간 내 위치, 대화 상대자와의 거리 등을 볼 수 있으며 동시에 목소리를 통해 그 사람의 말을 듣게 됩니다. 이는 시각과 청각이라는 복합 감각을 사용하도록 하는 소통 방식이고, 언어로는 전달되기 어려운 미세한 표정이나 몸짓과 같은 비언어적 표현, 그리고 목소리의 크기, 억양, 강세, 빠르기 등과 같은 반언어적 표현을 통해 의미를 복합적으로 구성하고 해독하는 방식의 소통입니다. 이에 비해 문자 언어를 통한 소통은 대면 소통에서는 활발히 사용되는 청각을 배제하고 시각만을 열어 놓은 채 소통하도록 한다는 점에서 인간의 자연스러운 감각을 억압하는 소통입니다. 어린이들이 글자만 가득한 책 읽기를 어려워하는 이유도 이와 관련이 있습니다.

영상 언어는 문자 언어의 시대에 억압되었던 인간의 청각적 의사소통과 비언어적 표현과 같은 이미지를 복원하는 다감각적 의사소통의 매개체라 볼 수 있습니다. 미디어 학자인 키틀러(Kittler)는 이에 대해, 녹음테이프나 비닐 레코드와는 달리 책은 소리를 저장할 수 없고, 영화나 텔레비전처럼 움직이는 영상을 담지도 못한다고 꼬집은 바 있습니다. 그는 책을 읽는 독자는 책이라는 미디어에 누락되어 있는 소리와 영상에 대한 정보를 상상으로 구성하는 방법을 만들어 냈어야만 했다고 말합니다. 키틀러가 책을 싫어하거나 문제가 있는 미디어라고 본 것은 아닙니다. 단지 책 역시 라디오나 텔레비전과 마찬가지로 정보를 담는 특정한 기술적 방식이 있는 것인데, 그 방식을 지나치게 신비화해서 다른 미디어보다 더 많은 가치를 부여하는 것은 납득하기 어렵다고 말한 것뿐입니다.

키틀러의 시각에 선뜻 동의하기 어렵다 하더라도, 책 역시 미디어의 한 종류라는 시각에서 보면, 같은 이야기라도 책으로 읽으면 상상력이 작용하게 되지만, 영화나 텔레비전과 같은 영상 미디어를 통해 보게 되면 상상력이 저하되니 책이 영상 미디어에 비해 더 우월한 미디어라고 보는 상식적인 견해는 문제가 있는 것이 아닐까 생각됩니다. 책은 정보 저장 기능에 있어 기술적 한계를 지닌 미디어라는 점, 영화나 텔레비전의 영상도 수용자에게 눈앞에 보이는 것 이상을 상상하게 하는 기능을 지니고 있다는 점을 간과하고 있기 때문입니다.

물론 책은 그 나름의 장점을 지닌 미디어입니다. 볼츠(Bolz)라는 또 다른 미디어 학자는 모니터의 무언가를 읽는 것은 인체공학적으로 볼 때 불편한 일이라고 말합니다. 연애소설은 문고판으로 읽고, 좀 더 자세한 배경 설명과 분석은 시사 잡지에 어울리며, 스포츠 기사는 신문으로 읽는 것이 적당하다고 말합니다. 책, 잡지, 신문과 같은 인쇄 미디어는 모니터를 필요로 하는 영상 미디어와는 달리 바닷가에서 모래가 묻는다고 불평하지 않는다고 재치 있게 말하기도 했습니다. 인쇄 미디어가 갖는 장점이 많은 만큼 단점도 있는 것처럼, 영상 미디어 역시 장점과 단점을 동시에 지닌 미디어라는 점을 깨닫는 것이 중요합니다.

흔히 영상 언어는 대상을 눈으로 볼 수 있도록 그대로 제시하기 때문에 별다른 이해력을 요구하지 않는 쉬운 언어라고 생각하는 경향이 있습니다. 이렇게 생각하는 이유는 영상 언어가 편집을 통해 무엇을 어떻게 보여 줄 것인지에 대해 선택하는 언어라는 점을 이해하지 못하기 때문입니다. 영상 언어에 대해 편견을 갖고 배척하기보다는, 영상 언어가 말하는 방식, 즉 의미 작용 방식에 대해 제대로 이해하는 태도와 노력이 매우 중요합니다. 그래야만 영상 이미지가 말하는 방식에 대해 비판적으로 이해할 수 있고, 영상 이미지를 통해 효과적으로 의사소통할 수 있는 능력도 기를 수 있기 때문입니다.

2) 영상 언어를 통해 표현하고 소통하는 능력을 길러 줍니다

오늘날과 같이 디지털 카메라와 인터넷이 일반인들에게 대중화되기 이전에는 텔레비전 방송국에서 일하는 사람들이나 영화감독과 같이 대중매체와 직접 관련이 있는 소수의 전문가들만이 영상 언어로 표현하고 소통할 수 있었습니다. 그러나 인터넷 이용률이 30대 이하 연령의 사람들 사이에서 거의 100%에 달하고, 가구당 디지털 카메라의 보급률이 50%에 이르는 오늘날에는 영상 미디어 산업 분야에 종사하는 전문가가 아니라 하더라도 누구나 쉽게 사진이나 동영상으로 자신의 관심사와 의견을 표현하여 다른 사람들과 공유할 수 있게 되었습니다. 디지털 카메라의 보급률이 50%라는 것은 한 집 걸러 디지털 카메라가 보급되어 있다는 뜻인데, 휴대전화에 부가된 카메라 기능까지 고려하면 영상 언어로 표현하고 소통할 수 있는 기술적 인프라는 거의 100%에 달한다고 볼 수 있습니다.

텔레비전과 같은 대중매체가 영상 언어 표현의 중심이었던 시대에는 우리의 사고와 행동에 엄청난 영향력과 파급력을 지니는 메시지를 비판적으로 이해하는 것이 영상 언어교육에서 가장 중요한 측면이었습니다. 그리고 최근까지도 우리가 정보를 획득하는 가장 중요한 원천이 다름 아닌 텔레비전이라는 점에서, 텔레비전의 메시지에 대한 비판적 이해는 여전히 중요합니다. 텔레비전 프로그램은 누구나 쉽게 만들어 보급할 수 있는 것이 아니라 소수의 전문가가 만들며, 프로그램의 제작과 편성은 그들에게 정치 · 경제 · 사회적 측면에서 막대한 영향을 끼치는 정부, 기업, 그 밖의 다양한 이익단체 등의 요구와 이해관계로부터 자유롭지 않기 때문입니다. 언론과 표현의 자유, 객관적이고 공정한 보도의 원칙, 문화적 다양성 등의 제도적 측면에 대한 관심이 텔레비전 프로그램에 대한 비판적 이해의 맥락으로서 중요하게 작용하는 것도 이와 관련이 있습니다.

그러나 디지털 카메라와 인터넷이 일반인들에게 대중적으로 보급된 오늘날에는 미디어 장비의 가격이 예전에 비해 훨씬 저렴해졌을 뿐 아니라, 일반인들도 그 조작법을 쉽게 배워 영상 언어로 의미를 표현하여 유통할 수 있게 되었습니다. 인터넷에서 쉽게 찾아볼 수 있는 수많은 개인들의 미니홈피나 블로그, 토론 게시판 등에 올라오는 사진과 동영상들은 이러한 현상을 잘 보여 줍니다. 디지털 미디어의 등장과 보급으로 인해 과거 대중매체 중심의 시대에는 정보의 수동적 수용자에 머물렀던 일반인들이 정보의 적극적인 창조자이자 제공자로서 영상 미디어를 이용할 수 있게 된 것입니다.

이처럼 변화된 미디어 환경에서 자라나는 어린이와 청소년들에게 카메라는 곧 연필이나 컴퓨터의 키보드와도 같은 표현의 도구가 되었습니다. 최근에는 대규모 미디어 조직에서 집단적인 제작 과정을 거쳐 만들어지는 대중매체와는 달리 한 사람에 의해 제작될 수 있다는 뜻에서 '1인 미디어'라는 개념이 등장했습니다. 소수의 전문가들이 만들어 다수의 일반인들에게 일방적으로 전달하는 대량 전달 방식이 아니라 마치 마주 보고 이야기하듯 개인들 간의 의사소통에서 사용되는 미디어의 특성을 반영하여 '대인 미디어'라는 개념이 등장한 것도 이와 같은 미디어의 변화를 잘 보여 줍니다.

가족이나 친구들과 즐겁게 보낸 시간을 기록한 사진을 미니홈피에 올려 공유하는 것은 단지 기계를 다루는 것이 아니라 사진을 찍은 이의 마음을 표현하는 정서적이고 관계 지향적인 의사소통이라 할 수 있습니다. 어린이들에게 친구의 사진을 찍고 그 친구에게 해 주고 싶은 말을 적어 선물로 주게 하는 활동은 친구에게 편지를 쓰는 활동만큼이나 의미 있는 의사소통 교육이 될 수 있습니다. 이러한 예를 통해 생각해 볼 수 있는 것처럼, 이제는 대중매체의 영상 이미지에 대한 비판적 이해뿐 아니라,

손쉽게 이용 가능한 사진과 동영상을 통해 어떻게 표현하고 소통할 수 있도록 할 것인가에 대한 고민이 필요하게 되었습니다. 국어교육에서 중요시해 왔던 '말하기 · 듣기 · 읽기 · 쓰기'가 영상 언어를 통해서도 이루어지게 되었기 때문입니다.

2007년에 개정된 국어과 교육과정에는 채팅이나 문자 메시지와 같이 온라인으로 이루어지는 대화가 일상적으로 이루어지는 대화와 어떻게 비슷하고 다른지에 대해 비교하여 이해하도록 하는 내용, 발표를 듣고 매체의 특성과 기능을 고려할 때 매체 활용이 효과적으로 이루어졌는지를 판단하도록 하는 내용, '말하는 이 · 듣는 이 · 상황 · 매체' 등에 따라 언어 사용 방식이 어떻게 달라지는지 알아보는 내용 등이 포함되어 있습니다. 채팅이나 문자 메시지로 소통하는 것은 문어적 소통보다는 구어적 소통에 가깝습니다. 다만 직접 만나 목소리를 사용해 대화를 나눌 수 없는 상황에서 미디어 기술이 구어적 소통을 도와주는 것입니다. 이때 이모티콘을 사용하는 것은 일반적인 대화에서 말하는 이의 표정이나 몸짓, 목소리의 톤이나 억양 등을 통해 드러나는 분위기나 감정, 상대방과의 관계에 대한 표현 등을 보완하기 위해 다양한 기호로 시각화하려는 시도로 볼 수 있습니다. 또한 발표를 할 때 사진, 그림, 도표, 동영상 등을 제시하면 추상적인 개념을 말로만 설명할 때에 비해 훨씬 더 구체적인 이미지를 제시할 수 있어 효과적으로 소통할 수 있는 반면, 지나치게 이미지에 의존하면 오히려 말에 대한 집중력을 떨어뜨리게 될 수도 있습니다.

따라서 영상 이미지가 사람들의 일상적인 표현과 소통에서 어떻게 의미를 나타내는 언어로서 기능하는지에 대해 이해하고, 영상 이미지를 효과적으로 의사소통에 활용할 수 있는 능력을 기르는 것 역시 영상 언어 교육에서 매우 중요합니다.

3) 영상 이미지에 담긴 정보와 의견을 비판적으로 읽어 내게 합니다

텔레비전의 영상 이미지는 우리가 살고 있는 세계에서 일어나는 여러 가지 사건과 소식들을 알려 주는 데 있어 중요한 역할을 하는데, 복잡한 사회적 관계에 놓인 현실을 객관적이고 중립적으로 제시하기보다는 특정한 관점과 입장에서 특정한 표현으로 제시합니다. 영상 이미지는 세상을 보여 주는 투명한 창이 아니라, 누군가에 의해 우리로 하여금 대상을 특정한 방식으로 보도록 구성된 결과라는 뜻입니다. 사실 이러한 특성은 영상 이미지만의 특성이 아니라 인간의 음성과 문자로 표현되는 언어 자체의 특성입니다.

예를 들어, 국회에서 벌어지는 야당과 여당 사이의 논쟁과 대결을 영상 이미지로 접하는 것은 문자를 통해 접할 때에 비해 우리에게 사회적·정서적 영향력을 더 크게 미칠 수 있습니다. 두 정치 집단 간의 반복되는 싸움이 지속적으로 텔레비전을 통해 제시됨으로 인해 많은 사람들이 정치에 염증을 느끼고 있는 것도 사실입니다. 그러나 대립되는 정당 간의 싸움이 빈번한 것이 사실이기는 하지만, 그들의 싸움이 국민들의 이해관계와 전혀 무관한 것은 아닙니다. 그렇다면 정당 간의 싸움을 그들만의 싸움인 것처럼 비치도록 하는 영상 이미지는 문제가 있는 것이 아닐까요? 영상 이미지에 담긴 정보와 의견을 비판적으로 읽어 내야 하는 이유는 이처럼 영상 이미지가 우리로 하여금 현실에 대해 특정한 방향으로 생각하고 느끼도록 하는 데 있어 영향력과 파급력이 매우 크기 때문입니다.

그렇다면 영상 이미지에 담긴 정보와 의견을 어떻게 비판적으로 읽을 수 있을까요? 실제로 일어난 어떤 사건을 묘사하는 경우를 예로 들어 봅시다. 만약 여러분이 이야기를 전달하는 사람이라면 그 사건에 대한 여러분의 인식에 따라 누구를 가해자로 보이도록 하고, 누구를 그 행위의 피해자로 보이도록 할 것인가, 가해자와 피해자를 모두 드러낼 것인가, 아니면 가해자는 드러내지 않고 피해자만 부각시킬 것인가 하는 판단을 하게 될 것이며, 그 결과를 언어로 표현하게 될 것입니다. 이 점에 있어 영상 이미지 역시 언어와 마찬가지로 작용합니다.

예를 들어, 뉴스 보도 중에 "○○○ 국회의원이 □□□ 장관에게 모욕적인 발언을 가했다."라는 표현이 있다고 하면, 여기서 '○○○ 국회의원'은 가해자로 묘사되고, '□□□ 장관'은 피해자로 묘사된 것으로 볼 수 있습니다. 뉴스를 보도하는 이는 가해자와 피해자를 모두 드러내기로 한 것이고, '가했다'라는 표현을 통해 누가 가해자이고 피해자인지에 대한 판단을 보여 준 것입니다. 이제 이 내용이 영상 이미지와 함께 제시되는 경우를 두 가지로 나누어 상상해 봅시다.

첫 번째는, 국회에서 대정부 질의를 하는 모습을 전체적으로 보여 주는 장면이 제시된 후에, 공격적인 표정과 어투로 장관을 질책하고 있는 날카로운 눈빛의 국회의원의 모습과 그 국회의원의 말에 짓눌려 변명도 제대로 하지 못하고 진땀을 빼고 있는 장관의 모습이 연달아 제시되고, 그 장면에 이어 질책하는 국회의원에게 공감하는 표정으로 고개를 끄덕이고 있는 다른 국회의원들의 모습이 부각되는 경우입니다. 이 경우 여러분은 이렇게 연속적으로 제시된 장면들의 의미를 어떻게 종합하여 해석하게 될까요?

두 번째는 앞서와 마찬가지로 맨 처음에는 국회에서 대정부 질의를 하는 모습을 전체적으로 보여 주는 장면을 제시하고 난 후에, 질책하는 국회의원을 어이없다는 듯이 바라보고 있는 장관의 모습이 화면에 클로즈업으로 제시되고, 곧바로 이어서 그 장관의 표정에 공감하는 듯한 얼굴로 질책하는 국회의원을 향해 찌푸린 표정을 짓고 있는 다른 국회의원들의 모습이 화면에 클로즈업되는 경우입니다. 이 경우 여러분은 이 두 번째 장면들의 조합을 첫 번째의 경우와는 달리 해석하게 되지 않을까요? 그 결과로 인해 첫 번째 영상 이미지는 장관을 질책하는 국회의원에 공감하는 입장을 나타내는 것으로, 두 번째 영상 이미지는 오히려 질책당하는 장관에 공감하는 입장을 나타내는 것으로 해석되지 않을까요?

그런데 문제는 이 두 가지 영상 이미지가 같은 시간과 같은 장소에서 일어나는 같은 사건을 제시한 것일 수 있다는 점입니다. 한 가지 사안을 두고 대립하는 시각이 교차할 수밖에 없는 정치 현실에서 장관을 질책하는 국회의원의 시각에 공감하는 다른 국회의원들과, 질책당하는 장관의 입장에 공감하는 또 다른 국회의원들은 같은 시간과 장소에 공존할 수 있습니다. 중요한 점은 카메라를 어디에 두고 누구를 어느 각도에서 촬영하는가, 카메라에 담긴 수많은 장면들 가운데 어떤 장면들을 뉴스에 사용하기 위해 취사선택하는가, 선택된 장면들을 어떻게 배치하는가, 선택된 장면들에 누구의 음성을 어느 정도의 길이로 잘라서 화면에 곁들이는가, 제시되는 장면의 의미 해석에 영향을 줄 수 있는 자막을 어떻게 사용하는가 등에 따라 뉴스의 영상 언어는 제시되는 사건의 의미를 우리에게 다른 시각에서 전달하게 된다는 점입니다.

이처럼 영상 이미지를 통해 우리에게 전달되는 정보와 의견을 비판적으로 읽어 내는 것은 국어교육에서도 꾸준히 강조해 온 비판적 읽기나 비판적 리터러시를 영상 미디어 텍스트의 읽기에도 마찬가지로 적용하는 것입니다. 물론 초등학교 어린이들에게 지나치게 정치적인 현안을 다루는 뉴스를 제시하는 것은 적절하지 않을 수 있습니다. 주어진 텍스트를 비판적으로 읽기 위해서는 언어와 기호의 의미 작용을 이해하는 것 이외에도 영상 이미지가 다루고 있는 사건에 관련된 배경 지식이 필요하게 마련인데, 어린이들에게 지나치게 낯설거나 어려운 정치 현안을 제시하게 되면 어린이들이 주체적으로 판단하는 데 어려움을 겪을 수 있을 뿐 아니라, 자칫 교사의 정치적 관심이나 입장에 따라 어린이들의 판단이 좌우될 수 있기 때문입니다.

어린이들에게 영상 이미지의 비판적 읽기를 지도할 때에는 어린이들의 관심과 흥미, 지식 정도 등을 고려하여, 어린이와 관련된 식품 안전 등의 사회적 문제나 어린이들이 가까이에서 문제로 느낄 수 있는 지역사회의 현안 등을 다룬 뉴스 보도 등을 예로 드는 것이 좋은 방법이 될 수 있습니다. 또한 성인들이 만든 뉴스가 아니라 MBC 방송의 '로그인 싱싱뉴스' 프로그램 등과 같은 어린이 뉴스 프로그램을 활용하거나, 어린이들이 학교 방송국 등에서 직접 만든 뉴스나 YMCA 청소년 영상제와 같이 어린이들이 제작자로 참여한 영상제 등에 출품된 어린이들의 작품을 제재로 활용하는 것도 좋은 방법입니다. 한편, 어린이들 스스로 영상물의 제작 과정을 시뮬레이션 등을 통해 경험해 봄으로써, 영상 이미지에 관점이 담기게 됨을 자연스럽게 파악하도록 할 수도 있습니다. 이때에는 영상 제작의 기술적 완성도가 아니라, 어떤 장면을 선택해 뉴스에 포함시킬 것인가를 판단하게 하는 것을 중시해야 합니다.

2007년에 개정된 국어과 교육과정에는 광고에 나타는 정보의 신뢰성을 평가하는 내용, 학교나 지역사회에서 일어난 중요한 사건에 대해 보도하는 기사문을 쓰게 하는 내용, 뉴스를 듣고 정보에 관점이 반영됨을 이해하는 내용 등이 제시되어 있는데, 이러한 내용들이 영상 이미지의 비판적 읽기와 관련된 학습 내용이라 할 수 있습니다.

4) 영상 이미지에 담긴 이야기와 문화적 가치를 살펴보게 합니다

영상 미디어의 발달은 우리로 하여금 말, 글, 그림, 사진, 동영상, 음악 등 다양한 언어와 기호로 생각과 느낌을 표현할 수 있게 해 줄 뿐 아니라, 인류가 오래전부터 발달시켜 온 이야기를 문자만이 아니라 영상 이미지를 통해서도 간직하고 전달할 수 있게 해 주었습니다. 인간은 다른 사람의 이야기를 듣고 싶어 하고, 또 다른 사람에게 이야기를 하고 싶어 하는 존재입니다. 그것이 사실적인 이야기이든 허구적인 이야기이든, 이야기는 인간의 삶과 우리가 살고 있는 사회에 대해 돌아볼 수 있게 하고 때로는 힘든 현실을 이겨 낼 수 있는 힘을 주기도 합니다. 영상 이미지는 이러한 이야기를 담아내는 언어이기도 하며, 따라서 영상 이미지에 담긴 이야기와 문화적 가치를 살펴보는 일은 영상 이미지를 통해 의사소통을 하거나 영상 이미지에 담긴 의미를 비판적으로 읽어 내는 일만큼이나 중요합니다.

영상 이미지에 담긴 이야기와 문화적 가치를 살펴보도록 하는 것은 기존의 국어 수업에서 해 왔던 서사 문학에 대한 이해를 영화, 드라마, 애니메이션과 같은 영상 이미지로 확장하는 것이라 볼 수 있습니다. 어린이 문학이나 소설에 담긴 이야기와 인물의 삶을 살펴보며 인간에게 주어진 삶의 조건에 대해 생각해 보고, 문학작품 속 인물이 주어진 조건 속에서 어떤 선택을 하는지, 그 선택은 어떤 의미가 있는지에 대해 토의하는 것은 문자 언어를 예술적 의도를 통해 사용하는 방식에 대해 배우고, 예술적 의도로 사용된 언어를 통해 인간과 사회에 대해 이해하는 심미적 방식을 배우는 것이 됩니다.

이러한 방식으로 문자 언어의 쓰임과 문자 언어로 적힌 이야기에 대해 배우는 것은 과학적 사실에 대한 설명문이나 누군가를 설득하기 위한 협상의 장면에서 언어가 사용되는 방식을 이해하는 것과는 사뭇 다릅니다. 영상 이미지에 담긴 이야기와 문화적 가치에 대해 살펴보는 것 역시 이와 마찬가지로, 예술적 혹은 심미적 의도를 지닌 영상 이미지의 의미 작용에 대해 이해하고 그것이 담고 있는 이야기의 가치에 대해 평가할 수 있는 능력을 기르기 위한 목적을 지닙니다. 어린이들에게 문학작품을 읽고 감상하도록 하는 것과 비슷한 방식으로, 영화나 드라마, 애니메이션 등의 영상 이미지를 보면서 그것을 만든 이들의 작가적 의도와 그들이 표현하고자 하는 인간의 삶에 대한 진실에 대해 이해하고, 그 이야기의 가치에 대해 평가하도록 하는 것은 영상 이미지에 대한 이해에 있어 매우 중요한 부분입니다.

문자와 인쇄매체가 발명되기 이전에 인간은 구전을 통해 이야기를 이전 세대에서 이후 세대로 전달했습니다. 그러다 문자와 인쇄매체가 발명된 이후에는 이야기를 문자로 기록하기 시작했고, 책과 같은 인쇄매체는 이야기를 담고 전달하는 중요한 미디어로 기능하게 되었습니다. 또한 영화, 드라마, 애니메이션과 같은 영상 미디어가 등장한 이후에 사람들은 배우의 연기나 연속된 그림의 흐름 속에서 시각적 이미지가 전개되는 방식으로 이야기를 향유할 수 있게 되었습니다. 최근에는 컴퓨터 게임도 단순한 오락이기만 한 것이 아니라, 게임 이용자가 특정 캐릭터가 되어 이야기를 향유하는 새로운 방식으로 이해되고 있습니다. 이처럼 이야기를 담고 전달하는 경로로서 영상 미디어를 이해하고, 영상 이미지에 담긴 이야기의 가치에 대해 이해하도록 하는 교육은 영상 이미지를 통해 이루어지는 문학 교육과도 같은 것이라 할 수 있습니다.

제7차 국어과 교육과정에는 가치로운 영상물을 선별해서 수용하도록 하는 학습 내용이 반영되어 있습니다. 또한 2007년 개정 국어과 교육과정에는 그림동화 속의 그림을 이야기와 관련지어 이해하도록 하는 내용, 영화에 등장하는 인물의 가치관이나 사고방식을 비판적으로 이해하도록 하는 내용, 만화의 미디어적 특성을 고려하여 함축된 의미를 해석하게 하는 내용 등이 포함되어 있습니다. 이러한 학습 내용은 모두 영상 이미지에 담긴 이야기와 문화적 가치에 대해 살펴보게 하려는 의도를 담고 있습니다. 어린이들로 하여금 영상 이미지를 이야기 문화라는 전통 속에서 예술적 의도와 가치의 측면에서 수용하도록 하는 것이 중요합니다.

5) 보다 좋은 영상 문화를 만드는 데 주체적으로 참여하게 합니다

디지털 카메라와 인터넷이 대중화되기 전에는 방송국과 같은 미디어

산업에 종사하거나 전문적인 사진가와 같은 소수의 특별한 사람들만이 영상 이미지를 만들고 유통할 수 있었습니다. 그러나 최근에는 디지털 카메라나 카메라 기능을 가진 휴대전화의 보급이 활발해지면서, 누구나 쉽게 영상 이미지를 만들고 인터넷을 통해 유통할 수 있는 시대가 되었습니다. 그런데 이처럼 일반인들이 영상 문화에 참여하게 되면서, 영상 문화의 긍정적인 측면뿐 아니라 부정적인 측면도 확대되고 있고, 이에 따라 사회적 우려를 자아내고 있는 것도 사실입니다. 따라서 영상 이미지 교육에 있어 보다 좋은 영상 문화를 만드는 데 주체적으로 참여하도록 지도하는 것이 매우 중요합니다.

오늘날 영상 이미지가 예전에 비해 더욱더 큰 영향력과 파급력을 지니게 된 것은 인터넷을 통해 영상 이미지가 급속도로 빠르게 퍼져 나갈 수 있게 되었기 때문입니다. 디지털 카메라와 인터넷을 통한 소통 방식은 우리의 일상생활 속에 아주 깊숙이 파고들어 있고, 단지 사이버 세상뿐 아니라 우리가 살고 있는 현실 세계에 직접적인 영향을 주고 변화를 일으키는 놀라운 힘이 되기도 합니다. 디지털 카메라가 일반인들에게 대중화되던 시기인 2005년 1월에 일어난 '서귀포시 부실 도시락 사건'은 일반인이 찍은 사진 한 장이 인터넷을 통해 순식간에 퍼지면서 엄청난 사회적 파장을 불러일으킬 수 있다는 사실을 단적으로 보여 준 사건이었습니다.

이 사건은 반찬이라고는 건빵과 메추리알, 김치 등이 전부인 초라한 결식아동용 도시락의 사진이 한 네티즌에 의해 인터넷에 공개된 사건을 말합니다. 이 사진을 보고 분노한 네티즌들이 순식간에 많은 수의 댓글을 올리며 시정을 요구하는 서명운동을 벌이면서, 이 사건은 사회적으로 엄청나게 큰 파장을 불러일으켰습니다. 결국 이 사건은 인터넷 포털 사이트에 주요 뉴스로 게재되면서 네티즌들의 '자료 퍼가기'를 급속히 확산시켰고, 급기야 언론에까지 보도되면서 정치권을 움직이는 데까지 이르렀습니다. 최초의 사진 공개로부터 채 열흘이 되지 않은 시점에서 급식단가 인상에 대한 당정협의가 이루어졌고, 결국 그로부터 두 주 후에 정부에 의해 급식단가 인상이 확정되었습니다. 이 사건은 디지털 카메라와 인터넷이 우리 사회의 소통 방식을 근본적으로 변화시키고 있음을 보여 주는 단적인 예로서, 한 장의 사진이 가져올 수 있는 사회적 파장과 관련하여 많은 논의의 대상이 되었습니다.

이 한 장의 사진이 인터넷을 통해 퍼지면서 순식간에 여론이 형성되고, 그 여론이 현실 세계에 영향을 미칠 수 있게 된 것은 인터넷이 가진 상호작용적 소통 구조 덕분이라 할 수 있습니다. '서귀포시 도시락 사건'이 일어나는 과정에서 네티즌들은 일방적으로 메시지를 전달받기만 한 것이 아니라, 스스로 참여하며 메시지를 해석하고 서로 의견을 나누며 행동함으로써 정부와 소통했고, 이에 따라 현실 세계의 의사결정을 이끌어 냈습니다. 이 경우는 영상 이미지를 통해 일반인들이 사회적으로 의미 있는 실천에 참여할 수 있는 좋은 사례였다고 할 수 있습니다.

그러나 인터넷의 소통 구조가 늘 긍정적인 결과만 초래하는 것은 아니며, 이른바 '인민재판식 여론몰이'를 일으키는 데에도 기여해 왔다는 점을 상기할 필요가 있습니다. 그중 가장 유명한 사건은 한 유명 디지털 카메라 동호회 사이트에 올라온 사진에 의해 촉발된 이른바 '개똥녀' 사건입니다. 인터넷 백과사전이라 할 수 있는 '위키백과'에 따르면, 이 사건의 개요는 다음과 같습니다.

수도권 전철 2호선에 탑승한 한 여성이 데리고 탄 애완견이 갑자기 설사를 했습니다. 사진 속 주인공은 당황하여 개를 닦았으나, 지하철 바닥에 떨어진 개 배설물은 치우지 않고 다음 정거장인 아현역에서 내렸습니다. 결국 같은 칸에 있던 다른 사람들이 바닥에 떨어진 개의 배설물을 치웠습니다. 이 사건을 지켜본 한 사람이 애완견의 배설물을 치우지 않고 자리에 앉아 있는 여성의 사진과, 나중에 사진 속의 주인공이 애완견을 데리고 내린 다음 어떤 할아버지가 개의 배설물을 치우는 사진, 이렇게

두 장의 사진을 찍고 이 상황을 설명한 글을 인터넷에 올렸습니다.

이 사진과 글은 2005년 6월 5일부터 여러 사이트에 퍼졌고, 인터넷 뉴스 사이트에 실리면서 폭발적으로 퍼져 나갔습니다. 이 사진을 접한 대부분의 누리꾼들은 사진 속의 주인공에 대해 분노했습니다. 애완견을 데리고 공공장소에 와서 다른 사람에게 폐를 끼치고도 공중도덕을 무시한다고 생각했기 때문입니다. 이에 누리꾼들은 사진 속 주인공에게 '개똥녀'라는 별명을 붙이고, 애완견을 데리고 탄 여성의 사진을 공개적으로 유포하여 신원을 알아내기 위해 조직적으로 행동하기도 했습니다. 주인공의 홈페이지로 오해한 싸이월드 미니홈피에 욕설을 남기기도 했고, 실제 주인공을 흉내 내 거짓 사과문을 쓰는 일도 벌어졌습니다.

이 사건은 블로그와 뉴스 포털 사이트로 대표되는 인터넷의 영향력과 파급력을 실감하는 계기가 되었으며, 인터넷 시대에는 어느 누구든지 순식간에 사회적으로 널리 알려질 수 있다는 사실을 다시 한 번 확인시켰습니다. 이 사건은 인터넷 글쓰기에 있어 인권과 예의, 타인에 대한 배려를 고려하는 새로운 소통 윤리의 중요성을 생각하게 하는 계기가 되기도 했습니다. 이 사건은 워싱턴 포스트에 기사가 실리면서 세계적으로 유명해지게 되었습니다. 누구나 쉽게 카메라로 사진을 찍고 그 결과를 인터넷을 통해 사회적으로 공유할 수 있게 된 시대에 보다 좋은 영상 문화를 만들어 가기 위해서는 영상 이미지의 힘과 영향력에 대해 이해하고, 보다 의미 있는 방식으로 이미지의 힘과 영향력을 사용할 수 있도록 하는 것이 중요함을 학생들에게 강조할 필요가 있습니다.

3. 영상 이미지 교육, 이것이 중요해요

1) 무엇을 배울지, 목표를 분명히 합니다

영상 이미지를 어린이들에게 제시하거나 만들도록 할 때에는 어린이들이 영상 이미지에 대해 무엇을 배워야 할지에 대해, 교사 스스로 목표를 분명히 하는 것이 매우 중요합니다. 앞서 살펴본 것처럼 영상 이미지의 힘과 영향력에 대해 깨닫게 하는 것이 목표가 될 수도 있고, 영상 이미지가 말이나 글처럼 의미를 나타내기 위해 어떤 과정을 거치는지에 대해 살펴보게 하는 것이 목표가 될 수도 있고, 영상 이미지를 말이나 글처럼 사용하여 의미를 나타낼 수 있는 능력을 기르는 것을 목표로 할 수도 있습니다. 또한 영상 이미지에 담긴 정보와 의견을 비판적으로 읽어 낼 수 있는 능력을 기르는 것, 영상 이미지에 담긴 이야기와 문화적 가치에 대해 살펴보도록 하는 것, 보다 좋은 영상 문화를 만들어 가기 위해 우리의 영상 문화를 되돌아보도록 하는 것을 목표로 할 수도 있습니다. 영상 이미지를 단순히 다른 내용을 배우기 위한 동기 유발 자료로 활용하기보다는 영상 이미지에 관해 어린이들이 길러야 할 능력과 관련하여 분명한 목표를 제시하는 것이 중요합니다.

2) 어린이들의 영상 문화와 경험을 고려합니다

흔히 어른들은 어린이들이 영상 이미지에 익숙한 세대이니 어떤 영상 이미지를 제시해도 쉽게 이해할 수 있을 것이라 생각하곤 합니다. 그러나 문자를 해독할 수 있는 어린이가 모든 책의 내용을 다 읽고 소화할 수는 없는 것과 마찬가지로, 영상 이미지 역시 어린이들이 눈을 뜨고 이미지를 볼 수 있다고 해서 그 의미를 모두 이해할 수 있는 것은 아닙니다. 더욱이 영상 이미지 교육에서 중요하게 다루는 뉴스나 광고, 영화 등의 의미를 제대로 이해하기 위해서는, 마치 책을 읽을 때 관련 분야의 배경 지식이 어느 정도 필요한 것처럼, 영상 이미지가 다루는 내용에 관한 사회문화적 배경의 이해가 필수적인 경우가 많습니다. 그러므로 어린이들에게 영상 이미지를 교육적 목적에서 제시할 때에는 어린이들의 관심, 경험, 지식, 취향 등을 충분히 고려하여 어린이들에게 적합한 영상물을 선별할 필요가 있습니다. 지나치게 시사적인 뉴스나 정치적인 선택을 요구하는 것보다는 어린이들이 자신을 둘러싼 주변 환경에서 보다 쉽게 관심을 갖고 이해할 수 있는 내용을 다룬 영상물을 제시하거나, 어린이들 스스로 자신의 관심을 바탕으로 영상물을 만들어 보도록 하는 접근이 더 좋을 수도 있습니다.

3) 기존 교육과정 운영의 콘텐츠로 활용합니다

영상 이미지에 관한 교육이 학교에 별도의 교과목으로 존재하는 것은 아닙니다. 바로 이 점 때문에 많은 선생님들이 따로 시간을 내어 영상 이미지 교육을 하기가 어렵다며 고충을 호소하고 있습니다. 물론 창의적 재량활동이나 특별활동과 같은 시간을 활용하여 영상 이미지 교육을 하는 선생님들도 계시지만, 모두가 다 그렇게 할 수는 없는 것이 현실입니다. 그럼에도 불구하고 영상 이미지 교육이 중요하다는 점에는 대부분의 선생님들이 공감하고 있습니다. 그런데 영상 이미지 교육이 이렇게 중요하다면, 교육과정에서도 이를 다루고 있지 않을까요? 실제로 이 책의 3장에서 제시하고 있는 것처럼, 국어과 · 사회과 · 도덕과 · 미술과 등 기존의 학교 교육에 교과로 설정되어 있는 과목의 교육과정에는 영상 이미지와 관련된 교육 내용들이 상당히 많이 포함되어 있습니다. 영상 이미지에 관한 교육을 위해 별도의 시간을 내기가 어렵다면, 기존 교육과정을 운영하기 위한 콘텐츠로 활용하는 것도 좋은 방법입니다.

4) 학습자에게 개별적 피드백을 한 번은 줍니다

영상 이미지에 관한 교육의 목표는 영상 이미지의 힘과 영향력에 대해 깨닫게 하거나 영상 이미지를 통해 의사소통할 수 있는 능력을 길러 주는 것 등을 포함해 어린이들의 인식이나 능력을 실질적으로 변화시키는 데 있습니다. 실제 현실에서 접하는 영상 이미지에 관해 비판적으로 인식하도록 하고, 주체적으로 영상 이미지를 수용하려는 태도를 기르며, 영상 이미지의 힘과 영향력을 의미 있게 사용할 수 있는 능력을 기르는 것이 목표이기 때문입니다. 따라서 이러한 교육 목표나 수업의 의도를 분명히 하기 위해서는 어린이들 사이의 모둠 토의나 상호평가 등을 활용하는 것 이외에도 선생님이 어린이들에게 개별적인 피드백을 주는 것이 매우 중요합니다. 어린이들이 영상 이미지에 반응하는 것, 영상 이미지의 의미를 해석하는 것, 영상 이미지를 만들어 보는 것 등 수업에서 어린이들에게 하도록 하는 활동에 대해, 선생님이 적어도 한 번은 어린이들에게 개별적으로 피드백을 주는 것이 필요합니다.

5) 국어 시간의 독서, 문학, 작문, 토의 · 토론과 관련짓습니다

영상 이미지에 관한 교육은 다른 내용을 가르치기 위해 영상 이미지를 동기 유발 자료 등으로 활용하는 것과는 분명히 구분됩니다. 그러나 영상 이미지의 내용을 비판적으로 이해하는 것을 국어 시간에 이루어지는 독서, 문학, 작문, 토의 · 토론의 주제로 삼는 것은 그 자체가 영상 이미지에 관한 교육이면서도 학교 교육에서 일반적으로 중요하게 다루는 독서 교육이나 문학 교육, 작문 교육, 토의 · 토론 교육이 된다는 점에서 '두 마리의 토끼'를 잡는 방법이 될 수 있습니다. 실제로 학교에서 이루어지는 독서 교육이나 토의 · 토론 교육은 비판적 사고력을 요구한다는 점에서 내용에 있어 대중매체에 관한 비판적 이해를 주제로 삼는 경우가 많습니다. 또한 전래 동화나 민담 등을 소재로 한 애니메이션이나 영화를 글로 쓰인 작품과 함께 어린이들에게 제시하고 비교해 보도록 하는 것 역시 학교에서 흔히 이루어지는 교육의 모습입니다. 이러한 교육을 할 때 영상 이미지가 의미를 전달하는 방식에 대해 조금 더 설명해 주는 등 한 걸음만 더 나아간다면 더욱 풍부한 교육이 될 수 있을 것입니다.

6) 영상 표현과 영상 제작은 목적에 따라 구분합니다

학교에서 흔히 이루어지는 교육 중에 학급신문이나 책을 만드는 활동이 있습니다. 그런데 학급신문이나 책을 만드는 활동은 신문에 실릴 기사를 작성하거나 책에 담길 글을 쓰는 활동과는 차원이 다른 활동입니다. 학급신문이나 책은 그 자체가 의미를 나타내는 것이 아니라, 의미를 담고 있는 일정한 형태의 글이나 사진, 만화, 도표 등을 실어 나르는 역할을 하는 매개체라고 할 수 있습니다. 마치 물을 담는 컵이나 음식을 담는 그릇과 비교해 본다면, 학급신문이나 책은 물이나 음식이 아니라 그것을 담는 컵이나 그릇에 해당한다고 할 수 있습니다. 물이나 음식에 해당하는 것은 학급신문이나 책에 담긴 글이나 사진, 만화, 도표 등이라 할 수 있습니다. 영상 이미지 역시 마찬가지입니다. 사진이나 동영상으로 의미를 표현하는 활동과, 사진이나 동영상을 누군가에게 전달하기 위해 적절한 미디어를 선택하고 미디어를 제작하는 일은 차원이 다른 활동이라 할 수 있습니다. 영상 이미지로 표현하는 활동은 사진 한 장을 찍어 보거나 영화의 첫 장면에 대한 아이디어를 발표해 보는 것처럼 작은 활동이 될 수 있지만, 영상 미디어를 제작하는 것은 예를 들어 특정한 연령의 소비자를 대상으로 특정한 상품에 대해 알리고 소비하도록 설득하는 광고 한 편을 기획하고 실제로 만들어 보는 것처럼 보다 전체적인 사고와 복합적인 활동을 요구하는 것이므로, 어린이들에게는 때로 어려운 일이 될 수 있습니다. 어린이들로 하여금 말이나 글로 자신의 생각을 표현할 수 있는 것처럼 영상 이미지로 의미를 표현하는 활동을 하는 것이 목표인지, 학급신문이나 책, 광고 등 미디어의 특성을 고려하여 특정 미디어를 제작하게 하는 것이 목표인지에 대해 선생님 스스로 분명히 설정하고 지도할 필요가 있습니다.

7) 다양한 발문과 교수법을 활용합니다

영상 이미지에 관해 가르칠 때에도 다른 내용을 가르칠 때와 마찬가지로 선생님의 발문과 교수법이 중요합니다. 흔히 영상 이미지에 관한 교육의 발문을 어떻게 해야 할지 모르겠다고 난감해하는 선생님들이 많은 것이 현실입니다만, 이것이 의외로 매우 간단할 수도 있습니다. 예를 들어, 영상 이미지의 모든 요소는 말이나 글처럼 의미를 담을 수 있다는 점을 이해하게 하려는 것이 목표인 경우가 있을 수 있습니다. 이때 활용할 수 있는 교수법은 '프레임별로 멈춰 보기'입니다. 즉, 1분 이내의 짧은 영상 이미지를 보여 준 후 1분 내에 담긴 주요 장면들을 멈춰 놓고 함께 보면서, 멈춰진 이미지 속에서 무엇이 보이는지, 그 이미지의 요소들이 하나의 프레임 안에 어떻게 위치 지워져 있는지, 눈에 보이는 것에 조명과 색채가 영향을 미치는지 등에 대해 토의해 보는 것입니다. 1분 안에 얼마나 많은 수의 숏(shot)이 존재하는지, 그리고 숏이 연속해 만든 장면이 어떻게 특정한 정보나 아이디어, 인상을 만들어 내는지에 대해 이야기해 보도록 하는 것도 좋습니다. 이때 학생들에게 할 수 있는 핵심적인 질문은 "멈춰진 숏에서 무엇이 보이나요?" "이 장면의 시간적 배경과 공간적 배경에 대해 말해 주는 것은 무엇인가요?" "만약 카메라가 다른 곳에 놓였더라면 우리가 보는 장면이 어떻게 달라졌을까요?" 등과 같은 질문을 할 수 있습니다. 영상 이미지 교육에 관한 발문은 이처럼 쉽고도 간단할 수 있는 것입니다.

8) 필요한 지식 교육을 피하지 않습니다

영상 이미지의 의미를 이해하거나 영상 이미지를 직접 만들어 보는 교육을 하다 보면 대체로 어린이들이 즐겁게 할 수 있는 활동을 중심에 두게 되는 경우가 많습니다. 영상 이미지 교육이 정규 교과목으로 독립적으로 제시되어 있는 것이 아니다 보니 영상 이미지를 활용해 즐겁게 할 수 있는 활동을 제시함으로써 어린이들의 흥미를 유지하여 집중하게 하려는 의도가 작용하기 때문입니다. 그러다 보니 영상 이미지 교육은 지식 교육과는 완전히 다른 활동 위주의 교육인 것처럼 생각하는 경우가 있습니다. 그러나 영상 이미지의 힘과 영향력에 대해 알려 주거나, 영상 이미지가 어떻게 의미를 만들어 내는지에 대해 알려 줄 때에는 분명한 지식 교육이 필요한 경우가 있습니다. 영상 이미지가 강력한 힘을 지닌다는 점을 잘 보여 줄 수 있는 역사적인 사례를 제시하여 이해를 돕고 그 사례를 기억하게 하거나, 카메라의 위치나 각도에 따라 영상 이미지의 의미가 달라지는 방식 등에 관해 이해하게 할 때와 같이 지식 교육이 필요한 경우에는 분명하게 지식을 제시하고 이해하도록 하는 것이 중요합니다. 영상 이미지 교육이 곧 지식 교육은 아니지만 필요한 지식 교육은 피하지 말아야 한다는 것입니다.

9) 영상 문화에 대한 비판적이고 성찰적인 태도를 강조합니다

영상 이미지에 대한 교육은 영상 이미지를 있는 그대로 받아들이고 즐기기 위해서 하는 것이 아닙니다. 만약 그것이 목적이라면 굳이 영상 이미지를 학교에서까지 가르칠 필요는 없을 것입니다. 영상 이미지는 우리가 생각하고 느끼고 현실에 대해 판단하는 데 있어 매우 큰 영향을 미칩니다. 영상 이미지에 대해 가르치는 것은 우리를 둘러싼 환경으로서의 영상 문화에 대해 “왜?”라고 질문할 수 있는 비판적인 태도를 기르기 위해서입니다. 또한 영상 문화를 받아들이는 자기 자신의 인식에 대해서도 의문을 제기하고 되돌아볼 수 있는 성찰적인 태도를 기르기 위해서이기도 합니다. 비판적인 태도를 갖는 것이 곧 잘못된 점을 비난하는 것만을 뜻하는 것은 아닙니다. 많은 사람들이 즐거워하고 감동을 받는 영상물이 있다면 그 이유에 대해 생각해 보고 설명할 수 있는 능력을 갖는 것도 비판적인 태도에서 비롯됩니다. “왜 사람들이 이 영상물에서 감동을 받을까?”라는 질문은 “왜 이 영상물은 이 장면을 이렇게 표현했을까?”라는 질문만큼이나 중요한 것입니다. 영상 문화를 있는 그대로 보고 즐기는 것이 아니라, 그 감동 혹은 잘못된 점에 대해 설명할 수 있는 능력을 기르는 것이 중요하다는 뜻입니다.

10) 다양한 교재를 활용하되, 교재에 의존하지 않습니다

영상 이미지 교육이 여전히 많은 선생님들에게 낯설게 여겨지는 것이 사실이기는 하지만, 조금만 이 분야에 관심을 갖고 자료를 찾아보면 의외로 이 분야에 관한 교재가 많이 나와 있는 것을 알고 놀라게 될 것입니다. 이 책의 3장에서 제시하고 있는 것처럼, 방송통신위원회의 미디어 교육 아카이브, 한국인터넷진흥원의 인터넷 미디어 교실, 한국언론재단의 미디어 교육 아카이브 등의 웹 사이트를 찾아보면 초등학생과 중학생을 대상으로 한 미디어 교육 교재를 쉽게 구할 수 있습니다. 또한 학교 현장의 선생님들이 재미있게 펴낸 책들을 시중의 서점에서 쉽게 구할 수도 있습니다. 이제는 교재가 없어서 영상 이미지 교육을 할 수 없다고는 말할 수 없게 되었습니다. 중요한 것은 선생님들 스스로 영상 이미지를 보는 안목을 기르고, 시의성 있는 자료를 찾아 교재를 재구성하고 업데

이트하는 능력, 그리고 무엇보다도 선생님들이 가르칠 어린이들의 관심, 준비 정도, 능력 등을 고려하여 목표를 설정하고 적합한 자료와 교수법을 준비하는 일이라 할 수 있습니다.

제 2 장

영상 이미지 교육의 실제

1. 영상 언어의 힘과 영향력에 대해 어떻게 알려 주면 좋을까요?
2. 영상 이미지가 말하는 방식에 대해 어떻게 알려 주면 좋을까요?
3. 만화가 말하는 법을 어떻게 알려 주면 좋을까요?
4. 영상물의 음악과 소리가 의미에 미치는 영향에 대해 어떻게 알려 주면 좋을까요?
5. 그림책이 이야기하는 방식을 어떻게 알려 주면 좋을까요?
6. 이모티콘이 말하는 방식을 어떻게 알려 주면 좋을까요?
7. 영상물의 인물 표현에 나타난 고정관념을 어떻게 파악하게 할까요?
8. 영상물의 인물 표현이 늘 고정관념을 그대로 표현하는 것은 아니라는 것을 어떻게 알아보게 할까요?
9. 영상물에서 누가 어떤 시각에서 말하고 있는지 어떻게 파악하게 할까요?
10. 신문 기사에서 사실과 의견을 어떻게 구별하게 할까요?
11. 광고가 만들어 내는 이야기의 가치에 대해 어떻게 해석하게 할까요?
12. 애니메이션의 시각적 표현과 이야기를 어떻게 감상하게 할까요?
13. 이야기를 영상으로 표현하는 방법을 어떻게 알려 줄까요?
14. 책표지 만들기를 통해 시각 이미지의 특징을 이해하게 하는 수업을 해 봅시다
15. 학급신문 만들기를 통해 신문의 의미 작용을 이해하게 하는 수업을 해 봅시다
16. 영상물 만들기를 통해 영상 이미지가 다른 사람들을 설득하는 방법을 이해하게 하는 수업을 해 봅시다

제 2 장

영상 이미지 교육의 실제

1. 영상 언어의 힘과 영향력에 대해 어떻게 알려 주면 좋을까요?

"백문이 불여일견"이라는 말이 있듯이, 어떤 대상을 눈으로 직접 보는 것은 그것에 대한 글을 읽거나 이야기를 듣는 것과 비교해 볼 때 보는 이로 하여금 대상의 실재감을 훨씬 더 강렬하게 느끼도록 해 줍니다. 예를 들어, 어떤 사건에 대해 보도하는 기사를 읽을 때 그 사건이 일어난 장소를 찍은 사진을 함께 보게 되면, 어쩐지 사진 속 장소에 대해 한층 더 잘 이해할 수 있을 것 같은 생각이 듭니다. 또 다른 예로, 어떤 화장품이 피부 관리에 효과가 있다는 이야기를 텔레비전 광고를 통해 보면 모델의 깨끗한 피부를 보며 화장품의 효과를 믿게 됩니다. 영상 언어가 갖는 이러한 힘과 영향력에 대해 어떻게 알려 주면 좋을까요?

첫 번째로 생각해야 할 일은 학습 목표가 우리가 어떤 대상을 인식하거나 세상을 바라보는 방식에 영상 이미지가 커다란 영향을 미칠 수 있음을 깨닫게 하기 위한 것이라는 점을 분명히 인식하는 것입니다. 어떤 인물이나 사물을 말이나 글로 접하는 경우와 사진이나 동영상으로 접하는 경우를 비교해 볼 때, 대개는 사진이나 동영상으로 접하는 경우 그 대상을 보다 직접적으로 경험하는 것처럼 여기는 경향이 있습니다. 말이나 글은 대상의 생김새를 직접 제시하는 것이 아니라 '길다' '짧다' '예쁘다' '못생겼다' 등과 같은 추상적인 표현이나 다른 대상에 빗대어 간접적으로 묘사하는 데 비해, 사진이나 동영상과 같은 영상 이미지는 사람들의 눈에 그 대상의 모습을 직접 보여 주기 때문입니다.

이처럼 영상 이미지는 사람들에게 대상에 관한 사실과 진실을 있는 그대로 보여 주는 것 같은 느낌을 갖게 함으로써, 대상에 대한 인식이나 세상을 바라보는 방식에 큰 영향을 미치게 됩니다. 그러나 영상 이미지는 대상을 있는 그대로 보여 주는 것이 아니라 그것을 만든 사람의 의도나 관점에 따라 대상을 특정한 방식으로 보여 줍니다. 따라서 영상 이미지가 대상을 인식하는 데 지닐 수 있는 직접적인 호소력과 영향력에 대해 이해하고, 같은 대상이라도 영상 이미지에 의해 달리 제시될 수 있음을 이해하도록 하는 것이 중요합니다.

1) 이렇게 수업해 보세요

(1) 정치 지도자, 사회단체 대표, 작가, 예술가, 배우, 연예인 등 사회적으로 널리 알려진 인물을 골라, 그 인물의 다양한 모습을 담은 여러 장의 사진을 제시한 후, 전체 학생들에게 다음과 같은 질문을 합니다.

- 이 사람은 누구인가요?
- 이 사람의 표정은 어떠한가요?
- 이 사람은 어떤 성격을 가진 사람으로 생각되나요?
- 이 사람에 대해 좋은 느낌을 갖게 되나요?

학생들에게 그렇게 생각한 이유를 설명하도록 합니다. 사진에 대한 의견을 나눌 때에는 사진 속 인물의 표정이나 그에 대한 느낌에 대해서뿐 아니라, 그렇게 느끼게 되는 이유에 대해 사진이 인물을 제시하는 방식에 대해서도 주의를 기울여 설명해 보도록 합니다. 만약 그 인물에 대해 다른 각도나 거리에서 사진을 찍거나, 다른 일을 하고 있는 장면, 혹은 다른 사람과 함께 있는 장면을 찍는다면, 어떤 사진을 찍을 수 있을지에 대해 이야기해 보도록 합니다. 그리고 그러한 사진은 그 인물에 대해 어떤 느낌을 갖도록 할 것 같은지 그 이유에 대해 이야기해 보도록 합니다.

(2) 국내 잡지에 실린 해외 여행지의 광고 사진이나 영상물을 제시하고, 학생들에게 다음과 같은 질문을 합니다.

- 이 사진이나 영상물에서 제시된 장소에 대해 어떤 생각이나 느낌이 드나요?
- 이 광고를 만든 사람들이 전달하려는 의미는 무엇일까요?
- 그 의미를 전달하기 위해 이 사진이나 영상물은 어떤 이미지를 제시하였나요?
- 이 사진이나 영상물을 말이나 글로 대신 표현한다면 광고의 효과가 달라질 것이라 생각하나요?

학생들에게 그렇게 생각한 이유를 설명하도록 합니다. 같은 의미라 하더라도 말이나 글로 제시하는 것과 영상 이미지로 제시하는 것 사이에 어떤 차이가 있는지 설명해 보도록 합니다.

(3) 국내에서 생산된 담배 포장지에 적힌 담배 경고문과 태국과 캐나다 등 담배 포장지에 실린, 흡연으로 인해 손상된 폐의 사진이 실린 담배

경고문을 함께 제시하고, 학생들에게 다음과 같은 질문을 합니다.

- 두 가지 담배 경고문 중 흡연으로 인한 피해에 대해 더 강력한 의미를 전달하는 것은 무엇이라고 생각하나요?
- 태국과 캐나다에서는 왜 담배 경고문에 흡연으로 인해 손상된 폐의 사진을 싣기로 결정하였을까요?

학생들에게 SBS 방송의 '출발 모닝 와이드' 프로그램에서 방영된 우리나라와 해외의 담배 경고문 차이에 대한 방송(2008년 5월 29일)을 보여 주고 토의하도록 할 수도 있습니다.

2) 이렇게도 할 수 있어요

신문이나 잡지, 여행 전문 책자 혹은 방송 프로그램에서 가볼 만한 곳으로 소개한 여행지의 사진이나 동영상과, 주변 사람들이 그곳에 직접 방문하여 찍은 사진을 비교하여 제시한 후, 그 장소가 제시되는 방식에 대해 비교해 말해 보도록 합니다. 선생님이 여행을 가서 직접 찍은 사진을 보여 주는 것도 좋은 방법입니다. 그 장소를 매력적으로 보이게 하기 위해 신문이나 잡지, 여행 전문 책자, 혹은 방송 프로그램에서는 카메라를 어떤 시간에, 어떤 곳에 두고 촬영했을지, 실제 그 장소에 가서 그곳을 본 느낌과 전문가들의 사진이나 동영상이 제시한 느낌은 어떻게 달랐는지 이야기해 줍니다. 이를 통해 사진이 있는 그대로의 사실을 제시하는 것이 아니라 제시하고자 하는 대상에 대해 특정한 관점에서 제시하는 것임을 알려 주는 것이 중요합니다.

활용할 수 있는 자료

정치 지도자, 사회단체 대표, 작가, 예술가, 배우, 연예인 등 사회적으로 널리 알려진 인물의 다양한 모습을 담은 사진들을 활용할 수 있습니다. 또한 국내 잡지에 실린 해외 여행지의 광고 사진이나 영상물을 보여 주는 것도 좋은 방법입니다. 해외 각국의 담배 경고문을 비교한 것으로는 SBS 텔레비전의 '출발 모닝 와이드' 프로그램의 2008년 5월 29일 방송 프로그램을 참고할 수 있습니다. 이 프로그램은 http://www.sbs.co.kr에서 검색이 가능합니다. 인터넷에서 '담배 경고문'으로 검색해도 다양한 나라의 담배 경고문 사진을 찾을 수 있습니다.

금연 캠페인을 할 때에
사진과 경고문을 함께 넣으면 효과적인 이유

2. 영상 이미지가 말하는 방식에 대해 어떻게 알려 주면 좋을까요?

'영상 언어'라는 말이 있듯이, 영상 이미지도 문자 언어나 음성 언어와 마찬가지로, 사람들이 의미를 주고받기 위해 사용하는 다양한 언어 가운데 하나입니다. 오늘날 우리가 접하는 다양한 영상 이미지는 말이나 글보다도 의미 전달에 훨씬 큰 효과와 영향력을 지닐 수 있습니다. 처음 접하는 정보나 지식을 말이나 글로만 설명하는 것보다 사진이나 그림으로 보여 주면 훨씬 더 쉽게 이해할 수 있습니다. 수업을 할 때 사진이나 그림 자료를 사용하면 학생들이 좀 더 집중을 잘하게 되는 이유도 이런 이치 때문입니다.

영상 이미지는 우리에게 세상을 보여 주는 투명한 창을 제공하는 것이 아니라, 현실에서 일어나는 수많은 사건 중에서 특정한 사건을 선택하고 조합하여 특정한 관점에서 이야기를 들려줍니다. 그러나 우리는 이러한 사실을 잘 잊어버립니다. 자연스러워 보이는 이미지들을 보고 있으면, 그 이미지들이 그것을 만들어 낸 사람들에 의해 선택된 결과라는 사실을 잊게 되곤 하는 것입니다. 영상 이미지가 말하는 방식에 대해 알게 되면, 그것을 만들어 낸 이들의 의도와 관점을 더 잘 해석할 수 있으며, 눈앞에 보이는 이미지가 드러내지 않거나 숨기고 있는 사실이나 진실에 대해서도 관심을 가질 수 있습니다. 영상 이미지를 더욱 비판적으로 수용할 수 있게 되는 것입니다. 따라서 영상 이미지가 말하는 방식 혹은 관습에 대해 알려 주는 것은 매우 중요합니다.

영상 언어의 관습을 알고 이미지의 의미를 읽을 수 있는 능력을 기르는 일도 말이나 글로 표현된 텍스트의 의미를 읽을 수 있는 능력을 향상시키는 것과 마찬가지의 전략을 사용할 수 있습니다. 사건과 정보를 예상하기 위해 해당 주제에 대한 개인적 경험이나 지식을 이용하게 하는 전략, 이미지의 의미를 읽기 위해 이미지에 딸린 제목이나 설명 글 등의 글이 뜻하는 바를 연관 짓도록 하는 전략, 예전에 본 적이 있는 이미지에 대한 해석과 비교하도록 하는 전략 등이 사용될 수 있는 것입니다. 그러나 한편으로는 영상 이미지가 말이나 글과는 달리 특정한 방식으로 우리에게 의미를 전달하는 방식에 대해 어느 정도 이해할 필요가 있습니다.

영상 이미지의 의미는 카메라의 위치와 각도, 색, 소리와 음악 등을 사용하는 방식에 따라 달라질 수 있습니다. 예를 들어, 카메라의 각도는 사진, 영화, 텔레비전 등과 같은 영상 이미지에서 대상과 그것을 바라보는 이들 사이의 관계를 형성하는 데 중요한 표현 수단입니다. 그림책, 만화, 애니메이션 등도 비록 카메라를 직접 사용하지는 않지만, 비슷한 기법을 사용하여 대상을 표현합니다. 색도 '얼굴이 빨개졌다'라고 하면 떠오르는 의미가 있는 것처럼 상징적 의미를 지니고 있으며, 명시적 의미와 함축적 의미를 지닙니다. 또한 같은 대상이라도 즐거운 느낌을 표현하는 음악과 함께 보여 줄 때와 우울한 느낌을 표현하는 음악과 함께 보여 줄 때에는 분위기가 달라집니다. 이처럼 같은 대상이라도 이와 같은 요소들이 달라지면 우리가 그 대상에 대해 어떻게 다른 인상이나 느낌을 갖게 되는지 살펴보도록 함으로써, 영상 이미지도 대상에 대해 이야기하는 특정한 방식이 있음을 이해하도록 하는 것이 중요합니다.

1) 이렇게 수업해 보세요

(1) '아래로 내려다보기' '위로 올려다보기'와 같은 문장을 칠판에 적고, 그 의미가 무엇인지 말해 보도록 합니다. 예를 들어, 아래와 같이 적고 각각의 표현 옆에 그 표현이 의미하는 바를 핵심적으로 나타내는 말들을 적도록 합니다.

예 '아래로 내려다보기'—지위가 낮은, 약한, 무력한 등
'위로 올려다보기'—지위가 높은, 강한, 강력한, 권위 있는 등

(2) 학생들에게 카메라의 위치와 각도에 따라 달리 표현된 인물의 사진이나 그림들을 보여 주고, 다음과 같은 질문을 합니다.

- 사진이나 그림 속 인물을 카메라가 위에서 내려다보고 있나요? 아니면 아래에서 올려다보고 있나요? 혹은 카메라가 사진이나 그림 속 인물과 같은 높이에 있나요?
- 사진이나 그림 속 인물에 대해 여러분이 어떤 인상을 받게 되나요?
- 사진이나 그림 속 인물은 강해 보이나요? 아니면 약해 보이나요?
- 카메라의 위치와 각도가 달라지면 사진이나 그림 속 인물에 대한 느낌이 어떻게 달라질까요?
- 앞서 '아래로 내려다보기' '위로 올려다보기'와 같은 말이 표현하는 바와 카메라의 위치와 각도가 표현하는 바가 비슷한가요? 비슷하다면 어떤 점에서 비슷하고, 다르다면 어떤 점에서 다른가요?

(3) '그 사람의 얼굴빛이 어두워졌어.' '그 사람이 얼굴이 빨개졌어.'와 같은 문장을 제시하고 그 의미가 무엇인지 이야기해 보도록 합니다. 이때 색깔의 의미가 어떤 맥락에서 그렇게 해석될 수 있는지 함께 말해 보도록 합니다.

예

색	맥락	의미
빨강	정지신호	위험
빨강	얼굴색	부끄러움

색의 의미에 대해 토의할 때에는 문화와 맥락에 따라 색의 의미가 다양하게 해석될 수 있다는 점을 말해 주도록 합니다. 예를 들어, 어떤 문화에서는 흰색이 애도의 표시로 사용될 수도 있는 반면, 다른 문화에서는 축하의 뜻을 나타내기 위해 사용될 수 있음을 말해 줍니다.

2) 이렇게도 할 수 있어요

학생들이 쉽게 의미를 이해할 수 있는 영상 광고를 함께 보도록 한 후, 특정한 인물이나 대상을 제시할 때 카메라의 위치와 각도, 색, 음악이 어떻게 사용되었으며, 그로 인해 광고 속 인물이나 대상이 어떤 의미로 해석되는지, 그 이유와 함께 말해 보도록 합니다. 광고 속 인물이나 대상을 다른 방식으로 표현할 수 있는 방법이 있다면 무엇일지, 그렇게 달리 표현되면 인물이나 대상이 어떻게 해석될지에 대해 이야기해 보도록 합니다. 다양한 선택이 가능함에도 불구하고 광고를 만든 제작자들이 특정한 방식으로 카메라의 위치와 각도, 색, 음악을 선택한 이유는 무엇일지에 대해서도 말해 보도록 합니다.

활용할 수 있는 자료

<정면에서 바라본 모습>

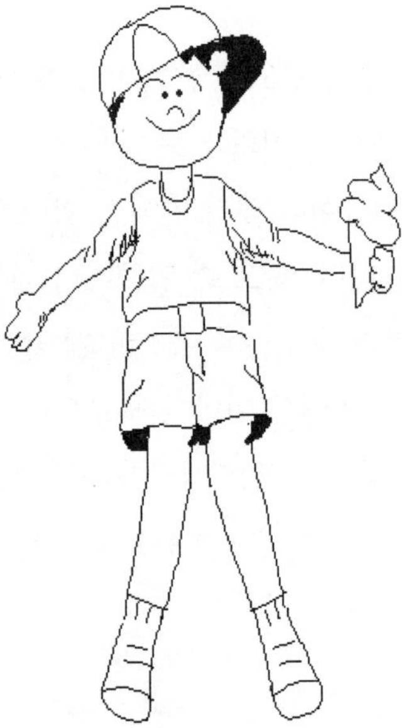

<아래에서 올려다본 모습>

<위에서 내려다본 모습>

3. 만화가 말하는 법을 어떻게 알려 주면 좋을까요?

어린이들은 만화를 아주 좋아합니다. 단순한 선들로 표현된 인물들의 재미있는 표정과 몸짓, 느낌표(!)나 물음표(?), 하트(♡)와 같은 익숙한 기호들로 표현된 인물들의 감정을 읽어 내는 일은, 글로 서술된 이야기나 지식을 이해하는 것보다 쉽고 즐겁게 느껴질 때가 많습니다. 이 때문에 어려운 지식이나 정보도 글만 가득한 책으로 읽을 때보다 만화로 볼 때 좀 더 쉽게 이해되기도 합니다. 이처럼 어린이들이 만화를 좋아하는 이유는 만화가 독자에게 의미를 표현하고 전달하는 방식과 밀접한 관련이 있는 것입니다.

만화는 여러 가지로 정의할 수 있지만, 정보를 전달하거나 심미적 반응을 일으키기 위해, 그림을 비롯한 다양한 기호를 의도된 순서대로 제시하여 의미를 표현하는 미디어라고 할 수 있습니다. 일반적으로 만화에서 정보나 이야기는 한 칸 한 칸에 담긴 기호들의 연속을 통해 구성되고 제시됩니다. 만화의 칸 안에는 인물이나 배경의 그림, 말풍선, 말풍선 안에 담긴 인물의 대사, 인물의 감정이나 주변의 소리, 혹은 분위기를 표현하는 의성어와 의태어 등이 담기며, 이러한 모든 것들은 여러 가지 형태와 길이의 선을 이용한 기호로 표현됩니다. 인터넷 만화의 경우에는 종이 만화와는 달리 칸의 구분 대신 스크롤바를 내려 공간을 확장하는 방식으로 그림이 제시됩니다.

만화에 대해 영상 언어의 측면에서 다룰 때에는 만화가 다양한 기호를 통해 의미를 표현한다는 것을 알려 주는 것이 중요합니다. 그리고 만화의 기호는 다른 영상 언어와 마찬가지로 나름대로의 말하는 방식, 즉 관습이 있다는 점을 알도록 지도할 필요가 있습니다. 만화는 사람이 직접 만나서 의사소통할 때 사용하는 목소리의 크기, 음색 등(반언어적 표현), 사람의 표정, 몸짓, 옷차림 등(비언어적 표현), 그리고 사람들의 감정과 관계, 분위기 등을 이차원의 지면에 표현하는 미디어이며, 이를 위해 다양한 기호를 사용한다는 점을 다양한 사례를 통해 살펴보고, 이 과정에서 어린이들 스스로 만화가 말하는 방식에 대해 이해할 수 있도록 합니다.

1) 이렇게 수업해 보세요

(1) 말풍선, 생각풍선, 움직임을 나타내는 선, 사람의 머리 위에 표시된 전구, 느낌표, 물음표 등과 같이, 만화에서 흔히 사용되는 관습적 표현들을 학생들에게 제시하고 다음과 같은 질문을 합니다.

- 만화에서 말풍선이나 생각풍선은 어떤 역할을 하나요?
- 만화에서 움직임을 나타내는 선이 어떻게 쓰이고 있나요?
- 만화에서 사람의 머리 위에 전구가 표시되어 있으면 어떤 뜻으로 읽게 되나요?
- 만화에서 사람의 옆에 느낌표나 물음표가 있으면 어떤 뜻으로 읽게 되나요?

(2) 학생들에게 이러한 기호들이 어디에서 온 것인지 알아보도록 하기 위해 다음과 같은 질문을 합니다.

- 만화에서만 주로 쓰이는 것은 무엇인가요?
  예 말풍선, 생각풍선 등
- 만화 이외의 다른 곳에서도 쓰이는 것은 무엇인가요?
  예 움직임을 나타내는 선, 느낌표, 물음표, 대화에 사용되는 문자 등
- 움직임을 나타내는 선은 주로 어디에서 사용되나요?
  예 그림

• 느낌표나 물음표는 주로 어디에서 사용되나요?

예 글

이러한 질문에 대한 대답을 통해 예를 들어, 만화에서 사용되는 기호 가운데에는 만화에서만 쓰이는 특별한 기호도 있지만, 느낌표나 물음표처럼 글을 쓸 때 사용하는 문장부호, 움직임을 나타내는 선과 같이 그림을 그릴 때 사용하는 것도 있다는 점을 알도록 합니다. 이러한 과정을 통해 만화는 글과 다르지만, 글을 쓸 때 사용하는 문장부호나 문자를 그림이나 다른 시각적 기호와 함께 복합적으로 사용하여 의미를 표현한다는 점을 이해하도록 하는 것이 중요합니다.

(3) 학생들에게 인물의 생각이나 대화를 표현하기 위한 말풍선이나 생각풍선, 혹은 그 밖의 다른 기호를 사용하여 만화에 나올 수 있는 한 장면을 표현해 그리도록 합니다. 학생들이 그린 그림을 모둠별로 비교하여 보고, 만화적으로 잘 표현된 점을 찾아 이유를 설명하고 칭찬해 주도록 합니다.

2) 이렇게도 할 수 있어요

학생들로 하여금 만화에 등장하는 느낌표나 물음표, 그 밖의 기호들을 말로 표현하여 그 의미를 적어 보도록 합니다. 말로 번역해 표현한 것과 만화에 본래 표현되어 있는 기호의 표현을 비교하여 어느 것이 더 만화적인 느낌이 나는지, 어느 것이 더 의미 표현에 효과적이라고 보는지, 그 이유를 설명해 보도록 합니다.

활용할 수 있는 자료

4. 영상물의 음악과 소리가 의미에 미치는 영향에 대해 어떻게 알려 주면 좋을까요?

음악과 소리는 영상물의 의미에 기여하는 또 다른 유형의 언어라고 할 수 있습니다. 흔히 영상 언어라고 하면 시각적 이미지만으로 구성된 것이라고 생각하기 쉽지만, 실제로 영상 언어는 시각적 이미지뿐 아니라 인물의 대사와 같은 인간의 음성 언어, 자막과 같은 문자 언어, 이미지에 표현된 인물의 표정이나 몸짓과 같은 비언어적 표현, 화면에서 말이나 행동을 하는 인물의 감정 혹은 장면 전체의 분위기를 표현하는 음악과 소리 등의 청각적 효과가 함께 어우러져 표현되는 복합적인 언어입니다.

영상물의 소리와 음악은 등장인물의 음성이나 침묵과 더불어 영상물의 청각적 효과를 구성하는 네 가지 요소라 할 수 있으며, 이 네 가지 요소는 모두 영상물의 의미에 영향을 미칩니다. 청각적 효과에는 전체적인 분위기 조성을 위한 연속적인 소리나 음악과, 순간적인 효과를 위한 짧은 소리나 음악이 있습니다. 여러 가지 청각적 효과 가운데에서도 특히 음악은 영상물의 분위기를 조성하며, 장르적 특징을 만드는 데 있어 중요한 역할을 합니다. 예를 들어, 유머스러운 분위기, 행복한 분위기, 공포스러운 분위기에 적합한 음악에는 차이가 있고, 영상물에서 적절한 음악의 사용은 전체적인 분위기 조성이나 순간의 의미 효과에 있어 매우 중요한 역할을 합니다.

적절한 음악이나 소리의 사용은 시각적 이미지의 의미를 보다 분명하게 만들어 내는 데 기여하기도 합니다. 예를 들어, 사람들이 모여 앉아 미소를 짓고 있는 장면에 아무런 음악이나 소리가 없는 상황과, 같은 장면에 사람들이 도란도란 이야기를 나누는 소리와 경쾌한 음악이 흐르는 상황을 머릿속으로 떠올려 보면 두 상황의 의미 효과가 매우 다른 것을 알 수 있을 것입니다. 이처럼 음악과 소리는 수용자가 이미지를 해석하는 방식에도 영향을 줄 수 있지만, 눈앞에 펼쳐진 이미지의 다음 장면이 어떻게 전개될지에 대해 상상하는 데에도 영향을 줄 수 있습니다. 예를 들어, 공포영화를 보는 상황에서 두 사람이 평화롭게 이야기를 나누고 있는 장면이 전개되다가 갑자기 긴장감 있는 음악이나 누군가의 발자국 소리가 들리게 되면, 수용자는 다음 장면에서 괴물이 등장할 것이라고 예상하게 됩니다. 이와 같이 화면 밖에서 들리는 음악이나 소리는 눈앞에 전개되는 이미지 이외의 다른 이미지에 대한 인상을 만들어 내기도 하는 것입니다.

따라서 영상물의 음악과 소리가 지니는 효과를 이해하도록 하기 위해서는, 같은 이미지라 하더라도 어떤 음악과 소리가 사용되는가, 혹은 음악과 소리 없이 이미지가 침묵과 함께 제시되는가에 따라 의미가 달라질 수 있음을 이해할 수 있도록 하는 것이 중요합니다.

1) 이렇게 수업해 보세요

(1) 학생들에게 짧은 영상물의 한 장면을 제시하되, 모니터 화면을 보이지 않게 덮고 해당 장면에 나오는 소리와 음악을 주의 깊게 듣도록 한 후, 무엇을 들었는지 정확하게 묘사해 말하도록 합니다. 이때 다음과 같이 질문합니다.

- 어떤 음악이 들리나요?
- 이 음악은 어떤 느낌을 주나요?
- 이 음악은 어떤 이미지를 떠올리게 하나요?
- 무슨 소리가 들리나요?
- 그 소리는 어떤 행동을 보여 주기 위해 사용된 것일까요? 아니면 이 장면의 분위기를 나타내기 위해 사용된 것일까요?

(2) 같은 장면을 같은 방법으로 모니터 화면을 보이지 않게 덮고 제시하면서, 등장인물의 목소리에 주의를 기울이며 듣도록 한 후, 무엇을 들었는지 정확하게 묘사해 말하도록 합니다. 이때 다음과 같이 질문합니다.

- 목소리를 들으니 어떤 사람이라고 생각되나요?
- 그 사람은 어떻게 말하나요?
- 그 사람이 하는 말의 억양, 크기, 빠르기, 음색 등이 어떤 인상을 주나요?

(3) 침묵이 효과적으로 적절히 사용된 영상물을 제시하되, 이번에도 같은 방법으로 모니터 화면을 보이지 않게 덮고 제시하면서, 소리와 음악이 들리다가 침묵이 흐르는 장면에 주의를 기울여 듣도록 한 후, 다음과 같은 질문을 합니다.

- 왜 이 장면의 이 시점에서 아무 소리가 들리지 않았다고 생각하나요?
- 앞으로 어떤 일이 일어날 것 같은가요?
- 침묵은 극적 전개, 분위기, 혹은 긴장감을 어떻게 표현하나요?

(4) 앞서 모니터 화면을 덮고 보여 주었던 영상물을, 화면을 보여 주며 제대로 시청하게 한 후에 다음과 같은 질문을 합니다.

- 각 장면에서 소리와 음악이 어떤 역할을 하나요?
- 각 장면에 음악이나 소리가 전혀 없다면 어떤 차이가 생길까요?
- 소리, 음악, 이미지가 어떻게 결합되었기 때문에 특별한 의미 효과가 만들어지는 것일까요?
- 특정한 소리나 음악이 빠진다면 각 장면의 의미에 어떤 차이가 생길까요?

2) 이렇게도 할 수 있어요

학생들에게 익숙한 광고나 애니메이션, 영화 등의 첫 장면 혹은 주요 장면을 보여 주고, 해당 영상물에서 음악과 소리가 전체적인 의미에 어떻게 기여하는지, 음악과 소리가 시각적 이미지와 어떻게 관련되는지에 대해 토의하고 발표하도록 할 수 있습니다. 이때 다음과 같은 표를 활용하여 토의하고 발표에 활용하게 할 수 있습니다.

이미지	음악	소리	전체 장면의 의미
예 두 사람이 활짝 웃으며 해변을 거닐고 있음			

활용할 수 있는 자료

화면 안에서 음악이 하는 말

광고나 영화의 한 장면을 오려 붙이거나 그리세요.	
음악의 느낌은 어떠한가요?	
음악 외에 다른 소리는 무엇이 들리나요?	
전체적으로 이 장면이 나타내는 것은 무엇인가요?	

5. 그림책이 이야기하는 방식을 어떻게 알려 주면 좋을까요?

그림책은 일반적인 책과는 달리 글과 그림이 함께 어우러져서 이야기를 전개하는 책으로, 그림이 없어도 의미가 전달되는 책이 아니라 글과 그림이 모두 이야기 전개에서 중요한 역할을 하는 책입니다. 이 점에서 그림책은 민담이나 동화에 삽화를 그려 좀 더 이해가 잘되도록 하는 '삽화가 있는 책(illustrated book)'과는 구별되며, 영어로는 'picture book'이라고 합니다. 그림책에는 문학작품에 속하는 그림동화 혹은 '이야기 그림책' 그리고 그림을 통해 지식을 전달하는 '지식 그림책'이 있습니다.

그림책은 글과 그림이 모두 의미 작용에 기여하는 독특한 책이기 때문에, 그림책 읽기는 사진, 만화, 애니메이션, 영화 등 다양한 영상 언어교육의 기초가 될 수 있습니다. 그림책에는 어린이들이 주변 환경에 관심을 갖는 데 도움이 될 수 있는 흥미롭고 중요한 내용들, 그리고 어린이들이 쉽게 자신의 관심이나 경험과 관련지을 수 있는 상상의 세계가 잘 나타나 있습니다. 또한 그림책 읽기는 내용적인 측면에서도 유용할 뿐 아니라, 그 자체가 독서 교육의 일환이기 때문에 어린이들에게 독서에 대한 흥미를 기르면서 영상 언어교육의 기초를 다질 수 있는 좋은 제재가 됩니다.

그림책의 의미 작용에 대해 가르칠 때에는, 학생들에게 익숙한 그림책을 제시함으로써 문자 언어로는 표현하기 어려운 다양한 의미를 시각적 이미지가 나타낼 수 있다는 점, 그리고 글과 그림이 서로 어우러질 때 더욱 풍부한 의미를 만들어 낼 수 있다는 점을 이해하도록 하는 것이 중요합니다. 존 버닝햄(John Bunningham)의 『나의 할아버지』, 레오 리오니(Leo Lionni)의 『으뜸 헤엄이』 등과 같이, 인물의 행동이나 사건의 의미를 일일이 문자로 설명하지 않고 그림을 통해 짐작하게 하는 방식으로 된 그림책을 제시하는 것이 좋습니다. 그림책 가운데에는 원작을 바탕으로 비디오가 만들어진 경우도 있는데, 그림책과 비디오를 비교하는 활동을 통해 그림책의 독특한 의미 작용 방식에 대해 생각해 보도록 할 수도 있습니다.

1) 이렇게 수업해 보세요

(1) 그림책에 등장하는 인물, 사건, 배경 등에 주목하며 그림책을 제시하고, 그림책의 내용을 읽어 주며 다음과 같은 질문을 합니다.

- 이 장면에 나타난 인물은 어떤 성격의 사람인가요?
- 그 인물은 어떻게 느끼고 있나요?
- 이 장면에 나타난 사람들은 어떤 관계로 보이나요?
- 그것을 어떻게 알 수 있나요?
- 이 장면의 의미는 글로 표현이 되어 있나요? 아니면 그림으로 표현이 되어 있나요? 혹은 글과 그림 모두로 표현되어 있나요?

그림책의 장면을 스캔해 파워포인트로 만들어 큰 화면으로 보여 주되, 그림책을 실제로 보는 느낌이 살아나도록 두 페이지씩 보여 주며, 책의 느낌을 살려 읽어 주도록 합니다. 우선 실제 그림책을 교실에 가져와 학생들에게 보여 준 후, 한 장면 한 장면을 자세히 보도록 하기 위해 파워포인트를 제시하는 것이 좋습니다. 그림책의 의미에 대해 왜 그렇게 생각하는지 질문함으로써, 학생들이 자신의 해석에 그림책의 글과 그림으로부터 근거를 제시할 수 있도록 합니다.

(2) 그림책의 장면 중 글과 그림이 같은 의미를 나타내면서도 그림의 표현이 인상적인 장면을 제시하고, 다음과 같은 질문을 합니다.

- 이 장면의 의미를 글로 옮겨보세요.
- 이 장면을 글로 표현한 것은 본래의 그림책의 느낌과 어떻게 다른가요?
- 이 장면이 나타내는 의미 중에, 그림으로는 표현할 수 있는데 글로는 표현하기 어려울 것 같은 의미는 무엇인가요?
- 그림으로는 잘 표현이 되는데, 글로는 잘 표현하지 못할 것 같은 장면이 또 있나요?

이 활동을 할 때에는 학생들에게 왜 그렇게 생각하는지 이유를 생각해 보고 말해 보도록 합니다. 이때 제시할 수 있는 장면으로는 다음과 같은 예가 있습니다.

- 『으뜸 헤엄이』 중 "빨간 물고기들이 커다란 물고기 모양을 이루면서 헤엄칠 수 있게 되자 으뜸 헤엄이가 말했습니다. '나는 눈이 될게.'"라는 말이 나오는 장면
- 『우리 할아버지』의 다양한 장면들

3) 『으뜸 헤엄이』 『우리 할아버지』 등과 같이 원작 그림책을 바탕으로 하여 만들어진 비디오를 보여 주고, 그림책을 본 경험과 비교하며 다음의 질문을 합니다.

- 그림책으로 보았을 때 가장 인상적이었던 장면은 무엇이었나요?
- 그 장면이 영상으로는 어떻게 표현되었나요?
- 같은 장면을 그림책으로 보았을 때와 영상으로 보았을 때의 느낌은 어떻게 다른가요?
- 그림책으로 보았을 때 더 좋았던 장면은 무엇인가요?
- 영상으로 보았을 때 더 좋았던 장면은 무엇인가요?

학생들에게 왜 그렇게 생각하는지 이유를 생각해 보고 말해 보도록 합니다. 영상으로 표현될 때에는 인물의 목소리, 움직임, 효과음, 음악 등이 표현될 수 있고, 이로 인해 글과 그림을 통해 표현되는 그림책과는 느낌이 달라질 수 있음을 이해하도록 하는 데 초점을 둡니다. 그림책과 영상물을 단순히 비교하여 선호도를 표현하게 하기보다는, 각각의 미디어가 지닌 표현적인 특징과 장점에 대해 이해하도록 합니다.

2) 이렇게도 할 수 있어요

글은 없고 그림만으로 표현되어 있는 그림책을 학생들에게 제시하고, 그림을 통해 알 수 있는 의미를 말이나 글로 표현해 보도록 하는 것도 좋은 방법입니다. 이때 인물의 특정한 표정이나 몸짓이 관습화된 의미를 지닐 수 있다는 점을 이해하도록 하는 것이 중요합니다. 예를 들어, 웃는 표정은 즐거움이나 행복함으로 해석될 수 있다는 점, 찡그린 표정은 행복하지 않거나 걱정이 있는 마음으로 해석될 수 있다는 점을 알려 줄 수 있습니다.

한편 그림의 의미는 웃는 표정이나 찡그린 표정에 대한 해석에서 볼 수 있는 것처럼 관습적으로 해석될 수도 있지만, 작가의 의도에 따라 해석이 모호한 경우도 있으며, 글의 의미에 비해 덜 확정적이라는 점을 알려 주는 것도 중요합니다. 그림도 글과 마찬가지로 그것을 보는 이의 개인적 경험이나 사회문화적 배경, 지식 등에 따라 달리 해석될 수 있다는 점도 알려 주는 것이 좋습니다. 이를 통해 어린이들이 그림책의 그림도 작가의 의도와 그림의 관습에 따라 다른 의미를 지닐 수 있는 언어의 일종이라는 점을 깨닫게 하는 것이 중요합니다.

활용할 수 있는 자료

그림과 글이 함께 말해요

그림책을 읽고 다음의 내용을 생각하여 정리해 보세요.

그림책 제목 ______________________________

그림으로만 표현할 수 있는 부분은 어느 부분인가요?

글로만 표현할 수 있는 부분은 어느 부분인가요?

6. 이모티콘이 말하는 방식을 어떻게 알려 주면 좋을까요?

이모티콘이 처음 등장했을 때에는 이에 대해 언어 규범 파괴나 품위 없는 언어 생활의 주범이라는 부정적인 시각에서 바라보는 경우가 많았습니다. 그러나 실제 우리 생활에서 이모티콘은 적절하게 사용할 경우 이메일이나 채팅, 혹은 휴대전화 등을 통해 이루어지는 대화에서 대화 상대방과의 관계를 부드럽게 하고 적절하게 감정을 표현하게 해 주는 유용한 도구가 되기도 합니다. 이모티콘을 시각적 이미지의 일부로서 바라볼 수 있는 것입니다. 그렇다면 이모티콘이 말하는 방식에 대해 어떻게 알려 주면 좋을까요?

이모티콘은 컴퓨터 기술을 바탕으로 한 이른바 '통신 언어'의 일부로서, 일상 대화에 가까운 구어적 특성을 지닌 이메일이나 채팅, 휴대전화 문자 메시지 등에서 말하는 이의 감정을 더욱 풍부하게 표현하기 위해 사용되는 '그림말'이라 할 수 있습니다. 이모티콘은 말하는 이와 듣는 이가 함께 얼굴을 마주 보지 못하고 컴퓨터 기술을 바탕으로 한 인터넷이나 휴대전화 등의 미디어를 사용해 간접적으로 소통해야 하는 경우, 말하는 이의 감정을 전달하는 유용한 소통 수단이 되며, 분위기를 부드럽게 하기 위한 전략에서 사용되기도 합니다.

우리가 얼굴을 마주 보고 의사소통을 할 때에도, 말로 전달되는 뜻뿐 아니라 얼굴 표정이나 분위기와 같은 비언어적 표현이나, 말하는 이의 어조나 목소리 크기 등 반언어적 표현이 의미 전달에 있어 중요한 역할을 합니다. 이모티콘은 이러한 비언어적 표현이나 반언어적 표현을 대신하는 역할을 한다고 볼 수 있습니다. 이 때문에 휴대전화로 문자 메시지를 보낼 때 웃는 표정이나 미안한 표정 등을 나타내는 이모티콘을 적절히 사용하면 관계를 부드럽게 할 수 있는 것입니다. 오히려 친한 사람들 사이에 주고받는 이메일이나 문자 메시지에 이모티콘이 적절하게 사용되지 않으면, 메시지를 보낸 상대방이 화가 난 것이 아닐까 하고 생각하게 되는 경우도 있습니다.

이모티콘이 말하는 방식에 대해 가르칠 때에는 인터넷이나 휴대전화 등 미디어를 통해 간접적으로 이루어지는 의사소통에 있어서 이모티콘이 지닌 감정이나 분위기 전달 등의 역할에 대해 이해하도록 하는 것이 중요합니다.

1) 이렇게 수업해 보세요

(1) '슬픔' '즐거움' '행복함' '난처함' '의심스러움' '놀람' '걱정' 등과 같이 감정을 표현하는 언어적 표현을 적은 단어 카드를 모둠별로 학생들에게 나누어 주고 활동하게 한 후, 다음과 같이 말합니다.

- 예를 들어, 슬픈 상황에 처한 사람의 입장이 되어 '슬픔'의 감정을 담아 한 문장으로 말을 해 보세요.
- 말을 할 때에는 슬픈 감정이 상대방에게 잘 전달될 수 있도록 표정과 몸짓, 목소리의 크기 등도 조절해 보세요.
- 슬픈 감정을 표현한 말을 문자로 적어 보세요.
- '슬픔'의 감정이 담긴 말을 하는 것과 그것을 문자로 표현한 것 사이에 어떤 차이가 있는지 이야기해 보세요.

학생들에게 모둠 내에서 다양한 감정에 대해 같은 활동을 하되, 감정을 담은 말과 그것을 문자로 표현한 것 사이의 차이에 대해, 그리고 그렇게 생각한 이유에 대해 설명해 보도록 합니다. 모둠 내에서 돌아가며 한 사람이 말을 하고 다른 학생들은 그 말을 들으며 표현의 효과에 대해 생각하고 그 느낌을 적어 보도록 합니다. 그런 후에 모둠별로 활동한 내용에 대해 반 전체와 함께 이야기를 나누도록 합니다.

(2) '웃음' '눈물 흘림' '쑥스러움' 등 다양한 표정이나 몸짓을 표현한 이모티콘을 학생들에게 제시하고, 두 사람씩 짝을 지어 활동하도록 하며, 다음과 같이 말합니다.

- 제시된 이모티콘이 무엇을 뜻하는지 말해 보세요.
- 인터넷 메신저로 채팅을 하거나 휴대전화 문자 메시지를 주고받는 상황을 가정하여, 두 사람이 문자로 이야기를 나누되 이모티콘을 적절히 사용해 보세요.
- 대화 내용 중 이모티콘을 사용하여 의사소통이 더욱 원활해졌다고 생각되는 부분과, 불필요하게 이모티콘을 사용했다고 생각되는 부분에 밑줄을 긋고, 왜 그런지 설명해 보세요.

이 활동을 할 때에는 종이 위에 가상의 대화 내용을 적도록 하고, 상대방의 얼굴을 보지 못하고 목소리를 듣지 못하는 상황에서 이모티콘이 하는 역할에 대해 생각하며 활동하도록 합니다. 두 사람 사이의 활동이 끝난 후 반 전체와 함께 이모티콘이 문자 언어를 통한 의사소통을 어떻게 보완해 줄 수 있는지 이야기해 봅니다.

(3) 이모티콘만으로 만들어진 문장의 몇 가지 예를 학생들에게 제시한 후, 4~5명이 한 모둠이 되어 활동하게 하며, 다음과 같이 말합니다.

- 이모티콘 문장의 의미를 문자로 옮겨 적어 보세요.
- 누구나 쉽게 뜻을 알아볼 수 있는 이모티콘 문장과, 뜻을 알아보기가 쉽지 않은 이모티콘 문장을 구분해 보세요.
- 이러한 이모티콘 문장을 사용해 표현하면 좋을 상황과 그렇지 않을 상황, 이모티콘을 사용해 의미를 주고받으면 좋을 것 같은 사람과 그렇지 않은 사람에 대해 생각하고 이야기 나누어 보세요.

학생들에게 자신이 한 대답의 이유에 대해 설명해 보도록 합니다. 이모티콘은 개인적인 의사소통의 맥락에서 감정을 풍부하게 표현하거나 분위기를 부드럽게 할 수 있는 장점을 지니지만, 공식적인 상황에서는 이모티콘을 사용하는 것이 적절하지 않다는 점을 이해하도록 하는 것이 중요합니다.

2) 이렇게도 할 수 있어요

이모티콘이 의사소통의 맥락에서 적절하게 사용되지 않았거나, 이모티콘을 사용한 이가 전달하려는 의미가 효과적으로 전달되지 않는 방식으로 과도하게 사용된 사례를 인터넷에서 찾아 그 이유와 함께 발표하도록 합니다. 이모티콘을 공식적인 의견 교환이나 글쓰기의 맥락에서 사용하는 것은 지나치게 개인적으로 보이거나 장난스러워 보일 수 있기 때문에 적절하지 않다는 점, 이모티콘은 관습화된 글에 비해 표현하는 이의 의도가 제대로 전달되지 않을 수 있다는 점에서 과도하게 사용되면 오히려 의사소통이 효과적으로 이루어지지 않을 수 있다는 점을 이해하도록 하는 것이 중요합니다.

활용할 수 있는 자료

다음은 이모티콘으로 이루어진 문장의 다양한 예입니다. 인터넷에서 '이모티콘 문장'이라는 말로 검색하거나, 이동통신 회사의 문자 메시지 메뉴에 가면 다양한 예를 쉽게 찾을 수 있습니다.

〈이모티콘 문장의 예〉

- s(￣▽￣)/ 짜잔~~
- (*￣ . ￣)a 어랏!! 뭐였더라?
- ♬(^0^)~♪ 랄랄라~
- ＼(* `Д´)/ 으라차차!!
- (/—_—)/~ 저리 가 버렷!!
- s(￣▽￣)v 김치~ 찰칵!!
- s(￣へ￣)z 흥!! 나 삐쳤다!
- 〈()〉.〈oo)〉 윗몸일으키기
- ┌(oo_ _)┐ 팔굽혀펴기
- s(ご0ご)グ 자자!! 주목!!
- ☞()〉.〈()☜ 흐읍! 집중!!
- ~()〉 〈oo)/ 으~ 만원버스!
- 〉(/////)〈 사탕 먹어!!
- ＼(^0^*)/ 이만큼 사랑해!
- ☞"^▽^"☜ 방긋!!
- ＼(—0—)/ 기지개~
- (⊙『』) 사진 찰칵!
- ☜(^^*)☞ 너의 수호천사
- (*^3(^^*) 뽀뽀~ ㅎㅎ
- ↖(^▽^)↗ 대~한민국!
- o(—"—)o 두 주먹 불끈!
- o(T^T)o 우앙~~
- (/^o^)/♡ 사랑스럽지~
- (~.^) 윙크~
- (@.@) 어지러워~~

7. 영상물의 인물 표현에 나타난 고정관념을 어떻게 파악하게 할까요?

영화나 애니메이션을 감상하고 나서 학생들과 가장 먼저 이야기하게 되는 것 중 하나가 인물입니다. 인물은 영상물의 감상을 문학작품의 감상과 연결시켜 접근할 수 있는 고리이기도 합니다. 문학작품에 대해 이야기를 나누는 경우를 떠올려 보세요. "여자 주인공이 마지막에 그런 결정을 내리는 것은 파격적이지."라는 말이나, "30대 젊은이라면 한번쯤은 그 인물처럼 생각해 본 적이 있지 않을까?"와 같이 문학작품의 내용에 대해 사람들이 내리는 평가나 의견은 작품 속 인물과 관련이 있습니다. 이러한 평가나 의견은 영상물을 감상하고 나서 나누는 대화에서도 공통적으로 나타날 수 있습니다.

그런데 영화나 애니메이션의 인물은 사회적 고정관념을 바탕으로 만들어지는 경우가 많습니다. 영상물에 흔히 등장하는 교사의 모습을 떠올려 봅시다. 무채색의 단조로운 의상, 안경을 쓰거나 책을 든 모습, 단정한 헤어스타일, 다소 소극적인 몸짓 등이 쉽게 떠오를 것입니다. 이것은 교사라는 특수한 직업에 대해 사회적으로 기대되는 또는 요구되는 특징을 시각적으로 표현한 것입니다. 그리고 이것을 '스테레오타입(stereotype)'이라고 합니다.

스테레오타입은 특정 집단의 인물을 재현하는 데에 있어서 반복적으로 되풀이되는, 그래서 사람들에게 각인되어 있는 고정된 이미지를 말합니다. 스테레오타입은 인물이 가진 특정 면만을 지속적으로 강조하고 표현함으로써 형성됩니다. 사실 교사가 특정한 의상 스타일이나 외모로만 규정되는 것이 아닌데도 불구하고, 영상물에서 표현되는 교사의 이미지는 점잖고 소극적이며 때로는 단순한 사고나 행동을 하는 사람의 이미지로 표현되는 경우가 많습니다.

그런데 영상물의 이러한 표현은 교사에 대한 사회적 고정관념에 기대어 만들어진다는 점을 이해할 필요가 있습니다. 그리고 '교사는 이런 모습일 거야.'라는 사회적 고정관념에 비추어 형상화되는 인물은 다시금 그 영상물을 보는 사람들의 고정관념을 강화하기도 합니다. 교사에 대한 사회적 고정관념에 의해 만들어진 스테레오타입이 영상물을 보는 관객들의 교사에 대한 인식을 더욱더 고정적인 것으로 만들어 버릴 수 있다는 것입니다. 이 역시 영상 이미지의 힘과 영향력을 잘 보여 주는 사례라 할 수 있습니다.

영상물은 문자와 달리 인물의 특징을 시각적으로 표현합니다. 인물의 특징을 자막이나 해설을 통해 설명해 주는 것이 아니라, 우리의 눈앞에 직접 존재하는 것처럼 보여 준다는 것입니다. 영상물에서 인물의 특성은 얼굴 생김새, 표정, 몸매, 몸짓, 음성, 복장 등을 통해 표현됩니다. 그런데 고정관념과 관련하여 보면 영상물에 나타나는 인물들의 개인적 특성은 성별, 직업, 계층, 말투나 몸짓 등 여러 가지 사회적 특성과 관련되어 표현됨을 알 수 있습니다. 똑같은 배우가 교사의 역할을 연기할 때와 의사의 역할을 연기할 때 어떻게 다른 복장, 몸짓, 음성, 표정 등을 하게 될지 상상해 보면 이를 알 수 있습니다.

영상물에 나타나는 스테레오타입은 사람들에게 특정한 직업이나 계층의 사람들에 대한 인식에 있어 무의식적으로 영향력을 미칩니다. 그리고 이는 대중매체에 의해 사람들에게 일방적으로 전달되면서 사람들에게 쉽게 받아들여집니다. 영상물을 접하면서 우리는 스테레오타입이 표현하고 드러내는 고정관념을 당연한 것으로 받아들이기 쉽습니다. 영상물에 나타나는 인물 표현에서 고정관념을 찾아내고 이에 대해 비판적으로 수용하는 태도를 기르는 것이 중요한 이유가 여기에 있습니다.

한편, 스테레오타입은 영원히 불변하는 것은 아닙니다. 이 역시 사회 변화와 대중매체의 역할에 의해 변화되기도 합니다. 텔레비전에서 제시되는 기혼 여성에 대한 표현을 떠올려 보더라도, 기존의 현모양처에 대한 모습으로부터 '일하는 엄마' '다문화 가정의 여성' '중년을 넘겨 비로소 자기 삶을 찾으려 하는 여성' 등으로 다양하게 변화해 왔음을 알 수 있습니다. 영상물에 나타나는 인물 표현 역시 사회 · 문화적 요인들의 영향을 받으면서 변화하고 있음을 어린이들에게 알려 주는 것도 중요합니다.

1) 이렇게 수업해 보세요

(1) 어린이들에게 텔레비전이나 영화에서 본 인물 중에서 어린이 인물의 이름을 떠올려 보게 합니다. 그 이름들을 칠판에 적어 주고 그것을 일정한 기준으로 분류해 보게 합니다. 분류의 예는 다음과 같습니다.

- 특별한 능력을 가진 어린이
- 어른스러운 어린이
- 자신의 모습과 가장 비슷하거나 가장 다른 어린이 등

(2) 학생들에게 영상물에 등장하는 인물의 성격이 시각적으로 어떻게 표현되는지 말해 보게 합니다. 이때 동화책이나 소설의 경우에는 문자언어로 인물의 성격이 표현되지만 영상물에서는 시각적 혹은 청각적 기호로 그 특성이 표현된다는 점을 짚어 주도록 합니다. 이를 위해 다음과 같이 질문할 수 있습니다.

- 그 인물의 생김새의 특징은 무엇인가요?
- 몸집이 큰지 작은지, 건강한지 허약해 보이는지, 남자인지 여자인지 등을 말해 보세요.
- 인물의 목소리는 어떤 느낌을 주나요?
- 인물이 입는 옷이나 소품에서도 인물의 특징을 알 수 있나요? 알

수 있다면 무엇을 통해 알 수 있는지 설명해 보세요.

(3) 영상물 속의 인물은 실제의 인물에 비해 특정한 면이 강조되거나 과장되어 표현된다는 점을 이해하도록 합니다. 예를 들어, 세계적으로 유명한 의사나 과학자, 정치인이나 경제인의 사진을 제시합니다. 이때 대체로 어린이들이 쉽게 접하지 못했지만, 위대한 일을 하고 있는 사람들을 선택하는 것이 좋습니다. 이를 위해 다음과 같은 질문을 할 수 있습니다.

- 이 사람의 직업은 무엇일까요?

(4) 이어서 실제 세계에서 사람의 외모가 그 사람의 모든 것을 말해 주지는 않는다는 것을 알려 줍니다. 실제 생활에서 우리는 사람의 겉모습만 보고 그 사람이 어떤 사람인지 정확히 알아내는 것이 어렵지만, 영상물에서는 인물의 성격이나 능력을 관객들에게 쉽게 전달하기 위해 인물의 외모 등을 통해 그 특징을 표현하려는 경향이 있음을 설명해 줍니다. 이때 영상물에 나타나는 인물의 모습을 제시하며, 다음과 같은 질문으로 시작할 수 있습니다.

- 이 사람의 외모는 어떤 특징이 있나요?
- 이 사람이 지닌 외모의 특징으로 미루어 볼 때 어떤 성격이나 직업을 가진 사람으로 생각되나요?
- 이 사람이 지닌 외모의 특징이 이 사람의 성격이나 능력에 대해 오해하게 하는 점에는 무엇이 있을까요?

(5) 앞서 제시한 활동의 맥락 속에서 영화나 애니메이션 속의 인물에 대한 관습적 표현이 갖는 의미를 물어보도록 합니다. 예를 들어, 지적인

성격을 표현하기 위해서 뿔테 안경을 쓴 인물을 제시하거나, 검은색 옷을 입은 인물이 악당으로 표현되는 것 등을 제시하고 관습적 표현을 통한 스테레오타입의 제시를 이해하도록 하는 것입니다.

이때에는 여러 가지 사진 자료나 그림 등을 활용하도록 합니다. 예를 들어 다음과 같이 질문할 수 있습니다.

- 다음의 그림을 보고 이 인물의 특징에 대해 이야기해 보세요.

- 위 인물의 직업, 성격, 주위 사람들과의 관계 등에 대해 말해 보세요. 그리고 그렇게 생각한 이유를 그림에서 찾아 말해 보세요.

(6) 시각적인 특징 외에 청각적 특징, 사회적 관습 등을 통해 알아낼 수가 있는지 물어보도록 합니다. 예를 들어, 다음과 같이 질문할 수 있습니다.

- 영상물 속 인물의 말투나 목소리에서 인물의 특징은 어떻게 나타날까요?
- 영상물에서 인물이 입은 옷이나 인물이 사용하는 물건은 인물의 성격과 어떤 연관이 있을까요?

(7) 영상물 속 인물의 성격 표현은 특정 직업이나 성별 등에 대한 사람들의 고정관념과 연관될 수 있다는 것을 명확하게 언급해 줍니다. 따라서 영상물에 표현된 인물에 대해 비판적인 태도를 가지는 것이 필요하다는 것을 설명합니다.

2) 이렇게도 할 수 있어요

학생들에게 만화책이나 사진에서 '배트맨' '슈퍼맨'과 같은 영웅의 그림을 준비하도록 합니다. 영화나 애니메이션 외에도 어린이들이 집에서 쉽게 접할 수 있는 케이블 TV채널의 프로그램 중에서도 소재를 찾을 수 있도록 합니다.

어린이들에게 영웅이라고 생각하는 인물을 준비해 오게 할 수도 있고, 교사가 특정 유형의 인물 범주를 정하고 미리 준비할 수도 있습니다. 교사가 준비할 경우에는 스테레오타입이 명확하게 드러나는 장면을 선택해야 합니다. 색상이 중요한 의미를 갖는 경우에는, 컬러 프린트를 하거나 상황이 여의치 않은 경우라도 원본 사진을 보여 주도록 합니다.

다양한 영웅 인물들에 각각 '성별, 인종, 능력, 나이, 국적' 등으로 구분하여 적어 보게 합니다. 어린이들의 정리한 영웅의 특징을 바탕으로 다음과 같은 항목으로 분류해 보도록 합니다.

- 여성 영웅과 남성 영웅
- 힘의 종류(물리적 힘, 지혜의 힘 등)
- 어린이 영웅과 어른 영웅 등

이와 같이 분류해 보면서 나타나는 경향성을 기록해 주고 왜 그런 경향성이 나타나는지, 그런 경향성을 비판적으로 생각해 본다면 어떻게 접근할 수 있는지 등에 대해 이야기해 봅니다.

활용할 수 있는 자료

※ 다음의 학습지를 활용하여, 영상물 속 인물에 대한 고정관념이 어떻게 표현되는지 알아보도록 합니다.

<table>
<tr><td rowspan="4"></td><td>나 이</td><td></td></tr>
<tr><td>직 업</td><td></td></tr>
<tr><td>어떤 이야기에 나오는 인물일까요?</td><td></td></tr>
<tr><td>인물의 특징이 드러난 부분</td><td></td></tr>
</table>

<table>
<tr><td rowspan="4"></td><td>나 이</td><td></td></tr>
<tr><td>직 업</td><td></td></tr>
<tr><td>어떤 이야기에 나오는 인물일까요?</td><td></td></tr>
<tr><td>인물의 특징이 드러난 부분</td><td></td></tr>
</table>

8. 영상물의 인물 표현이 늘 고정관념을 그대로 표현하는 것은 아니라는 것을 어떻게 알아보게 할까요?

영상물의 인물이 항상 고정관념에 충실하게 만들어지기만 하는 것은 아닙니다. 때로는 사회에 널리 퍼져 있는 고정관념을 뒤집거나 새로운 관점에서 표현함으로써 새로운 이야기를 만들어 내기도 합니다. 이렇게 만들어진 새로운 이야기를 통해 영상물을 접하는 사람들은 자신이 가지고 있던 고정관념을 새롭게 생각해 보기도 하고 신선한 충격을 받기도 합니다.

영상물은 좀 더 많은 사람들에게 쉽게 다가가기 위해서 사람들 사이에 널리 받아들여지고 있는 고정관념들을 이야기 속에 반영합니다. 이것은 일반적으로 영상물이 대중성을 확보하기 위한 방법이라고 할 수 있습니다. 그러나 영상물은 사람들에게 익숙한 것을 활용하는 동시에 그 익숙한 것을 낯설게 만들어 봄으로써 새로운 효과를 의도하기도 합니다. 이것은 마치 예술가들이 일상생활에 쓰이는 소재를 예술작품으로 탈바꿈시키는 것과 비슷한 맥락이라고 할 수 있습니다.

고정관념에 대해 새로운 해석을 덧붙이거나 자기만의 관점을 제시하는 것은 비판적 의사소통 능력이라는 측면에서 매우 중요한 내용입니다. 전래동화를 읽고 전래동화 속 인물의 행동에 대해 비판적인 접근을 하는 것도 이와 같은 맥락에서 이루어지는 것입니다. 전통적으로 '흥부는 착한 인물, 놀부는 악한 인물'이라고 단순하고 이분법적으로만 평가하는 것이 일반적이었습니다. 반면에, '흥부는 게으르고 책임감이 없는 인물, 놀부는 경제적 관념을 가진 인물'로 평가하는 경우도 있습니다. 이러한 접근과 다양한 해석을 통해 재창조된 『흥부놀부전』 이야기가 만들어지게 됩니다.

『흥부놀부전』의 예에서 보듯이, 인물에 대한 고정관념을 뒤집거나 새롭게 해석하는 것은 사회 · 문화적 영향과 밀접한 관련이 있습니다. 유교적 윤리관에 의해 살아가는 사람들에게 있어 동생을 돌보지 않는 형은 악인(惡人)으로 평가될 수밖에 없을 것입니다. 그러나 근대사회의 자본주의적 질서와 서구문명이 지배적인 영향력을 발휘하게 된 현대사회를 살아가는 사람들에게 놀부는 새로운 평가를 받을 수 있습니다. 자식을 제대로 교육시키고 양육하지 못하는 흥부는 오히려 무책임한 인물로 생각될 수 있는 것입니다.

따라서 고정관념을 뒤집어서 표현한 인물에 대해 가르칠 때에는 단순히 기존의 것을 반대로 표현했기 때문에 가치가 있는 것이 아니라 기존의 것을 왜 반대로 표현했을까 하는 질문에서 출발하는 것이 바람직합니다. 피오나 공주는 다른 공주와 달리 뚱뚱한 인물이라 재미있다는 식으로 반응하는 것으로는 충분하지 않습니다. '피오나 공주는 왜 다른 공주들과 다르게 표현되었을까?' 또는 '피오나 공주는 왜 뚱뚱하고 못생기게 표현했을까?'라는 점에 주목하여, 우리가 공주에 대해 지닌 고정관념에 피오나 공주의 이미지가 어떻게 도전하고 있는지를 생각해 보도록 하는 것이 필요합니다.

사회적으로 널리 퍼져 있는 고정관념에 기대어 만들어진 영상물 속 인물들은 우리의 고정관념을 더 강화시키는 역할을 합니다. 이러한 고정관념을 뒤집어서 표현한 인물은 인물에 대해 새로운 시각을 제공합니다. 하지만 이러한 새로운 표현 역시 기존의 고정관념에 근거하여 만들어진 것이고, 만약 새로운 이미지의 설득력이 부족하면 기존의 고정관념을 더욱 강화시키게 된다는 점을 이해하도록 하는 것도 필요합니다. 우리의 고정관념이 그렇게 쉽게 바뀌는 것만은 아니라는 점을 이해하도록 하고, 우리의 고정관념에 도전하는 영상물의 인물 표현이 왜 중요한지에 대해서도 이해하도록 하는 것이 중요합니다.

1) 이렇게 수업해 보세요

(1) 학생들에게 스테레오타입을 뒤집어 표현한 인물의 예를 보여 줍니다. 학생들에게 제시해 줄 수 있는 인물의 예는 아래를 참고하되, 다양한 인물을 제시하기 위해서 어린이들 사이에서 가장 많이 언급되는 인물을 활용하는 것도 필요합니다. 다음과 같은 인물을 예로 들 수 있습니다.

- 〈슈렉〉의 피오나 공주, 파콰드 영주
- 〈빨간 모자의 진실〉의 빨간 모자, 늑대, 할머니, 도끼맨
- 〈뮬란〉의 주인공

(2) 각 인물들의 성격이 시각적 혹은 청각적으로 표현된 특징과 어떻게 관련되는지 생각하여 말해 보게 합니다. 이때 다음과 같은 질문을 활용할 수 있습니다.

- 무엇을 보고 이 인물이 공주라는 것을 알 수 있습니까?
- 이 인물이 정직하다는 것은 인물의 어떤 모습이나 목소리의 표현을 보고 알 수 있나요?

(3) 새롭게 제시된 인물이 기존의 고정관념과 어떻게 다른지를 생각해 보게 합니다. 이때 다음과 같은 질문을 활용할 수 있습니다.

- 여러분이 흔히 다른 이야기에서 본 공주의 모습과 피오나 공주의 모습은 어떻게 다른가요?
- 여러분이 흔히 다른 이야기에서 본 공주의 행동과 피오나 공주의 행동은 어떻게 다른가요?

(4) 고정관념을 뒤집는 영상물의 표현 방식에 대해 비판적으로 접근해 보기 위해, 제작자의 입장에서 왜 그런 방식으로 표현하려고 했을지 생각해 보게 합니다. 다음과 같은 질문을 활용하도록 합니다.

- 이 애니메이션을 만든 사람들은 왜 피오나 공주를 뚱뚱하고 못생기게 표현했을까요?
- 이 애니메이션을 만든 사람들은 왜 피오나 공주가 다른 공주들과 다르게 행동하도록 표현했을까요?

(5) 이번에는 수용자의 입장에서 스테레오타입에 대한 생각을 말해 보게 합니다. 영화나 광고, 애니메이션의 인물이 여러분의 예상과 다르거나 반대이기 때문에 영화를 보는 어린이들이 어떻게 느꼈는지를 말하게 합니다.

- 피오나 공주가 다른 공주들과 다르게 표현되니 어떤 느낌이 드나요?
- 피오나 공주가 다른 공주들과 다르게 표현되었기 때문에 이야기가 더 재미있어졌나요? 그렇다면 왜 더 재미있다고 느껴질까요?

(6) 영상물의 인물이 기존의 고정관념을 뒤집거나 새롭게 만들어져 표현되기도 한다는 점과 고정관념 뒤집기가 재미를 주는 이유에 대해 정리해 줍니다. 다음의 세 가지를 제시하도록 합니다.

- 영상물은 스테레오타입을 깨는 인물을 통해서 사람들이 가지고 있는 고정관념에 대해 다시 생각해 볼 기회를 주기도 합니다.
- 스테레오타입 뒤집기가 재미있게 여겨지는 것은 우리에게 여전히 고정관념이 남아 있기 때문입니다.
- 영상물에 표현된 고정관념이 어떤 직업이나 계층의 사람들에 대해

실제로 우리가 지니고 있는 고정관념에 미치는 영향에 대해 되돌아보는 것이 중요합니다.

2) 이렇게도 할 수 있어요

어린이들에게 친근한 동물과 관련한 스테레오타입을 다룰 수 있습니다. 이야기 속에 등장하는 인물은 사람뿐만 아니라 동물이거나 사물인 경우도 많습니다. 특히 동물은 어린이용 애니메이션에 매우 다양하게 등장합니다. 그런데 동물에 대해서도 일정한 고정관념이 작용하게 됩니다. 예를 들어 돼지는 욕심꾸러기로, 여우는 약삭빠르게, 늑대는 사납고 악한 것으로 그려지고는 합니다.

실제 동물의 습성이나 생활 방식에 대한 읽기 자료를 읽어 보고 특정 동물에 대해 가지고 있는 스테레오타입과 비교해 봅니다. 그리고 그 동물이 등장하는 이야기를 새롭게 써 보는 활동을 합니다. 이때에는 글과 그림을 모두 활용해서 표현하도록 하여 시각적인 표현과 문자를 통한 표현을 모두 경험하도록 합니다. 또 이야기 전편을 다 쓰지 못하면 에피소드의 일부를 바꾸어 보게 합니다.

앞서 다룬 활동과 마찬가지로, '왜 그 동물을 그렇게 바꾸었는지 말해 보세요.'라는 질문을 통해 표현의 의도를 설명하도록 하는 것이 필요합니다. 자신의 표현이 그 동물에 대한 수용자의 인식에 어떻게 영향을 미칠 것이라 생각하는지에 대해 설명해 보도록 하는 것도 중요합니다.

활용할 수 있는 자료

※ 다음의 학습지에 ○표를 하고 나서, 왜 ○표를 했는지 영상물의 내용과 연관시켜 발표하게 합니다. 예를 들어, 다음과 같이 말해 보도록 합니다. 예) "내가 본 의학드라마 〈병원 24시〉에는 간호사가 모두 여자였습니다."

영상물 속 인물에 대한 고정관념

해당되는 곳에 ○표시를 하세요.

	간호사	의사	노인	청소년	백인 외국인	아시아계 외국인	청소부
대체로 남자인가?							
대체로 여자인가?							
대체로 평안한 삶을 살고 있나?							
대체로 험난한 삶을 살고 있나?							
사회적으로 중요한 직업을 갖고 있나?							
대체로 부유한가?							
대체로 친절하고 부드러운 성격인가?							
대체로 고집 세고 딱딱한 성격인가?							

활용할 수 있는 자료

영상물 속 동물에 대한 고정관념

해당되는 곳에 ㅇ표시를 하세요.

	돼지	여우	토끼	뱀	양	늑대	원숭이
대체로 욕심이 많다.							
대체로 지혜롭다.							
대체로 착하다.							
대체로 영리하다.							
대체로 사납다.							
좋은 예감이 생긴다.							
불행한 예감이 생긴다.							
대체로 힘이 세다.							
대체로 남을 괴롭힌다.							

9. 영상물에서 누가 어떤 시각에서 말하고 있는지 어떻게 파악하게 할까요?

우리가 잘 알고 있는 소설 『사랑방 손님과 어머니』에서 이야기를 전달하고 있는 사람은 옥희라는 꼬마아이입니다. 그러나 옥희가 이 작품의 작가인 것은 아닙니다. 옥희라는 인물은 작가 주요섭이 창작해 낸 인물입니다. 우리가 문학작품을 읽을 때에는 작가와 또 다른 화자의 존재를 이해하고, 화자의 목소리를 인식할 수 있습니다.

문학작품에서 화자는 옥희처럼 작품의 전면에 드러날 수도 있지만, 직접적으로 드러나지 않는 경우도 있습니다. 화자가 드러나는가, 그렇지 않은가를 결정하는 것은 작가의 의도에 따라 달라지는데, 화자의 존재를 드러내는가의 여부가 작품의 의미에 영향을 미치게 됩니다. 『사랑방 손님과 어머니』에서는 옥희라는 어린이 화자의 목소리 덕분에 선생님과 어머니의 애정심리가 더욱 절제되어 그려지고 있고, 애틋한 분위기가 더욱 잘 전달되고 있습니다.

문학작품을 읽을 때에 작가와 화자를 구별하듯이, 영상물을 감상할 때에도 감독 혹은 제작자와 작품 안에서의 화자를 구별할 수 있습니다. 문학작품은 이야기를 들려준다는 점에서 화자라고 하는 반면, 영상물은 이야기를 보여 준다는 점에서 시각이라고 구별하여 이를 수 있습니다. 영상물이 이야기를 풀어 내는 방식이 시각적이라는 점은 시청자(관객)가 화자의 존재를 인식하는 데에도 영향을 미칩니다. 시청자는 화면을 통해서 어떤 일을 직접 보게 됩니다. 그 일은 분명히 누군가가 카메라를 들고 중계해 주고 있는 것임에도 불구하고, 그 중계해 주는 사람의 손이나 목소리가 직접 드러나지 않기 때문에 사람들은 그 일을 전해 주는 사람의 존재를 쉽게 인식하지 못합니다. 즉, 이 이야기가 누군가의 시각을 통해서 보여지고 있는 이야기라는 점을 잊어버리게 됩니다. 그러나 그 누군가가 누구인가에 따라 영상물의 의미가 달라질 수 있습니다. 가령, 〈아홉 살 인생〉이라는 영화는 그것이 어른의 시각이 아니라 어린이의 시각에서 그려지고 있다는 점에서 그 영화만의 고유한 의미를 가지게 됩니다.

영상물에서 화자의 존재는 명시적으로 드러나는 경우도 있지만 감추어지는 경우도 많습니다. 예를 들어, 똑같은 〈난중일기〉를 소재로 하여 만든 드라마라 하더라도 화자가 명시적으로 드러날 수도 있지만 감추어질 수도 있습니다. 이순신의 내레이션으로 드라마가 시작하고 중간 중간에 이순신이 직접 회고하는 말을 하는 경우라면, 우리는 마치 이 드라마가 이순신이 직접 들려주는 이야기인 것처럼 느끼게 됩니다. 화자가 명시적으로 드러나는 경우에는 자막이나 내레이션 등을 통해 화자에 대한 단서를 직접적으로 언급할 수 있습니다. 반면에 화자가 직접 드러나지 않는 경우에는 문자 언어보다는 시각적 표현에 보다 면밀한 주의를 기울여서 화자의 존재를 추적해 가게 됩니다. 후자의 경우에는 언어적 능력 이외에 정치 · 역사 · 사회 · 문화적 경험과 지식이 총체적으로 작용하는 활동이므로 어린이들을 위한 영상물 수업에서는 본격적으로 다루기가 쉽지 않습니다.

어린이들에게 영상물에서 누가 어떤 시각에서 말하고 있는지 파악하게 하기 위해서는 우선 작가와 화자를 구별하는 것에서부터 접근하는 것이 좋습니다. 이를 위해 처음에는 말하는 이가 좀 더 명시적으로 드러나는 영상물을 보여 주는 것이 필요합니다. 어린이들이 익숙해지면, 말하는 이가 좀 덜 명시적으로 드러나는 영상물을 보여 주도록 합니다.

1) 이렇게 수업해 보세요

(1) 그림책 가운데 글과 그림이 표현하는 것이 정확히 일치하지는 않는 그림책을 보여 주며 읽어 줍니다. 이때 어린이들이 그림책에 몰입하

여 읽을 수 있는 환경을 조성해 주고, 책의 내용을 파악할 수 있는 시간을 충분히 주는 것이 필요합니다. 이때에는 다음과 같은 간단한 질문만을 합니다.

- 책의 줄거리를 정리해 보세요.
- 가장 재미있다고 생각한 장면은 어디인가요?

(2) 화자의 개념에 대해 설명해 줍니다. 반드시 화자라는 개념어를 어린이들에게 제시할 필요는 없고 '이야기를 들려주고 있는 사람'이라는 쉬운 표현을 사용할 수도 있습니다. 어린이들이 이해할 수 있도록 다음과 같이 질문합니다.

- 이 이야기를 들려주고 있는 사람은 누구인가요?

(3) 책표지에 있는 작가에 주목하게 하며, 다음과 같은 질문을 합니다.

- (작가의 이름을 가리키면서) 이 사람이 이 이야기를 들려주고 있는 사람인가요?
- 작가와 '이야기를 들려주고 있는 사람'의 차이점을 말해 보세요.
- 작가가 누구인지는 어디에 있는 무엇을 보고 알 수 있나요?
- '이야기를 들려주고 있는 사람'이 누구인지에 대해 책표지를 보고 알 수 있나요?

(4) '이야기를 들려주고 있는 사람'이 누구인지를 알 수 있는 방법에 대해 탐색하도록 합니다. 이때에는 다음과 같은 질문을 합니다.

- 그림책의 글(문장, 단어 등)로부터 '이야기를 들려주고 있는 사람'이 누구인지 알 수 있는 단서를 찾아보세요.

• 그림책의 그림에서 '이야기를 들려주고 있는 사람'이 누구인지 알 수 있는 단서를 찾아보세요.

(5) 화자에 대해 알고 그림책을 읽을 때와 '화자'에 대한 인식이 없이 그림책을 읽을 때, 이야기에 대한 느낌이 어떻게 다른지 물어봅니다. 여기에서는 '이야기를 들려주고 있는 사람'은 작가가 창조해 낸 허구적인 인물이라는 것을 상기시켜 줍니다. 이때에는 다음과 같은 질문을 합니다.

• '이야기를 들려주고 있는 사람'이 누구인지를 알고 그림책을 읽을 때와 모르고 읽을 때 차이점이 있나요?
• 차이점이 있다고 느꼈다면 왜 그런지 설명해 보세요.

(6) 다양한 방법으로 화자를 드러내고 있는 그림책들을 학생들에게 소개해 주고, 그 그림책에서 화자가 어떤 방식으로 드러나는지를 찾아보게 한 후, 친구들 앞에서 설명하게 합니다.

• 다양한 화자의 사례: 어린이 화자, 남자 화자, 여자 화자, 노인 화자, 사물, 동물 등
• 화자가 드러나는 장면을 찾아보세요. 그리고 그 장면에서 화자가 누구인지를 어떻게 알 수 있는지 설명해 보세요.

2) 이렇게도 할 수 있어요

어린이들 사이에서 유행하는 이야기나 전래동화를 활용하는 방법이 있습니다. 『아기 돼지 삼형제』 그림책을 다음의 다양한 버전으로 바꾸어 제시한 후, 화자가 바뀌었을 때에 이야기의 주제가 어떻게 달라지는지 이야기하도록 합니다.

예를 들어, 『아기 돼지 삼형제』에서 아기 돼지의 엄마를 화자로 설정하게 되면 그 이야기는 '힘들더라도 정도(正道)로, 차근차근 해 나가는 것이 어려움이 닥쳤을 때에 그 진가를 발휘한다.'라는 교훈을 강조하게 됩니다. 또는 형제간의 우애를 부각시킬 수도 있겠지요. 반면에 같은 내용이지만 막내 돼지를 화자로 설정하는 경우에는 가장 어리고 약할 것 같은 막내가 결국은 형제를 모두 구하고 악당 늑대를 물리치는 영웅담이 됩니다. 만약 늑대가 화자인 경우에는 늑대의 변명과 해명을 통해 이야기가 전개된다는 점을 이해하도록 합니다.

이러한 차이를 이해함으로써 영화나 애니메이션도 비록 눈에 보이지는 않지만 누군가의 목소리를 통해 전달되고 있다는 것을 학습자들이 알도록 하고, 그 보이지 않는 화자를 발견할 수 있는 방법도 알 수 있도록 하는 것이 중요합니다.

활용할 수 있는 자료

※ 다음의 그림을 활용하여 '누가 말하나요?'라는 이름의 주사위를 만듭니다. 이 주사위의 각 칸에 이야기의 화자가 될 수 있는 인물의 이름을 적어 넣도록 합니다. 화자는 이야기 속에 등장하는 인물이 될 수도 있고 이야기에 등장하지 않는 인물일 수도 있습니다. 주사위를 굴려 윗면에 나온 인물을 화자로 정하여 이야기를 바꾸거나 재구성해 보게 합니다.

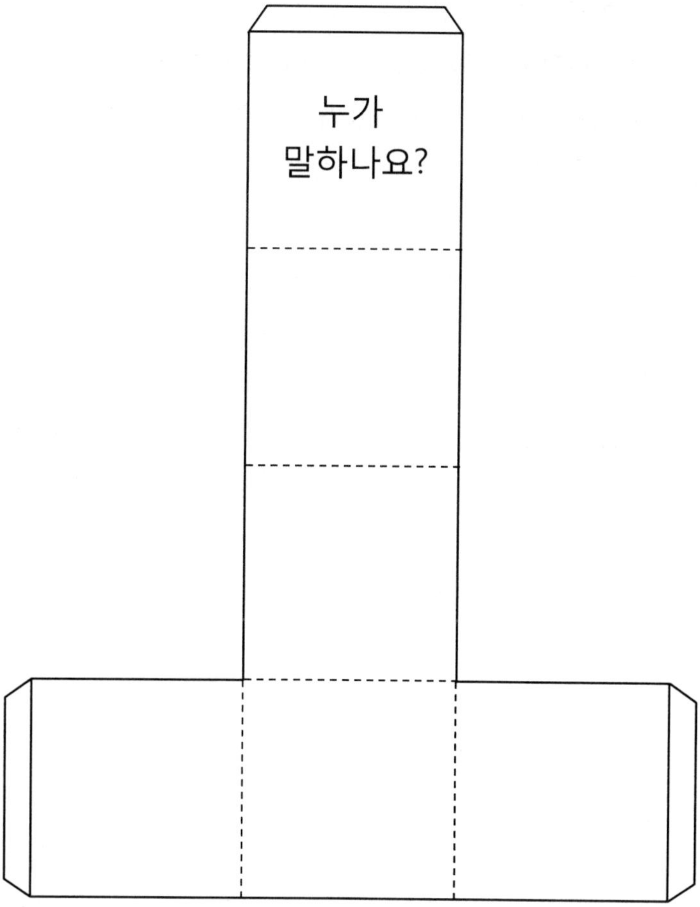

10. 신문 기사에서 사실과 의견을 어떻게 구별하게 할까요?

최근에는 인터넷 검색을 통해 여러 가지 소식과 정보를 접하는 경우가 많습니다. 인터넷에서는 기사가 제공되기 때문에 우리가 새로운 사건이나 소식을 매우 신속하게 접할 수 있습니다. 또 인터넷 뉴스에는 사진이나 동영상이 곁들여 있어서 사건의 정황을 생생하게 전달해 주기도 합니다. 특히 사회적으로 이슈가 되는 사항이나 쟁점으로 부각되는 사안의 경우에는, 하루에도 수백 건의 기사와 뉴스, 동영상들이 제공되어 다양한 시각에서 그 사건을 보도합니다.

여러분들도 때로는 거대한 파도처럼 밀려드는 인터넷 뉴스를 접하면서, 과연 어디까지가 사실이고 어디까지가 의견일까라는 의구심이 든 적이 있을 것입니다. 특히 정치인이나 연예인에 관한 뉴스의 경우, '이것이 도대체 어디까지가 사실일까?' 또는 '이 기사는 완전히 홍보성 내용만 가득하네. 마치 정당이나 연예기획사에서 내놓은 보도자료 같아.' 하는 생각을 한 적도 있을 것입니다. 명확한 사실 확인에 근거하지 않은 채, 추측한 내용을 일단 터트리고 보자는 식으로 작성한 기사가 때로는 개인의 삶에 치명적인 충격을 주거나 사회적으로 엄청난 파장을 일으키기도 합니다. 이 과정에서 많은 네티즌들은 이런 뉴스에 대해 저마다의 의견을 댓글로 개진하면서 설전을 벌이기도 합니다. 명확한 사실에 근거하지 않은 채 이루어지는 이러한 공방전은 소모적이고 무의미한 경우가 많으며, 따라서 사회적으로 언론과 네티즌의 자정과 반성이 필요합니다. 따라서 어린이들에게도 뉴스를 대할 때에 사실과 의견을 구분하는 태도를 길러 주는 것이 매우 중요합니다.

기존의 학교 교육, 그중에서도 특히 국어 수업에서는 사실과 의견을 구분하면서 글을 읽거나 쓰는 것을 꾸준히 강조해 왔습니다. 사실과 의견을 구분하는 능력은 문자 언어로 된 글을 읽을 때에도 매우 중요한 능력입니다. 이제는 이러한 능력을 문자뿐 아니라 사진이나 그림, 동영상과 함께 제시되는 글의 의미를 이해할 때에도 적용할 필요가 있게 되었습니다. 특히 그 글이 뉴스와 같이 사실적이고 객관적이며 공정한 보도를 해야 하는 종류의 글일 경우에는 더더욱 사실과 의견을 구분하여 읽는 것이 중요합니다.

문자 언어로 된 기사의 내용과 더불어서 제시되는 사진이나 동영상 같은 시각적 이미지는 기사 내용의 진실성을 왜곡할 수도 있습니다. 때로는 사건의 내용을 호도하는 데에 문자보다 사진이나 동영상이 더 큰 영향력을 미치는 경우도 있습니다. 이러한 예는 특히 정치 관련 보도에서 쉽게 확인할 수가 있습니다. 같은 사안을 보도하는 신문 기사의 경우에도 각 신문사별로 특별히 강조하는 측면이 다를 수 있습니다. 특히 그 차이는 보도사진에서 두드러지는 경우가 많습니다. 두 입장이 대치하고 있는 상황을 보도할 때에도, 어느 입장이 보다 우세하게 혹은 더 정당한 것으로 여겨지게끔 표현되는가에 보도사진이 큰 역할을 하는 경우가 많습니다. 따라서 신문 기사를 읽을 때에는 글로 제시된 내용과 보도사진을 함께 보면서 '그때 그곳에서 일어난 일의 사실이 무엇인가?'를 아는 것은 물론이고 '이 기사는 그 일에 대해 어떤 의견을 드러내려고 하는가?'도 읽어 낼 수 있어야만 합니다.

한편, 뉴스를 다루다 보면 흔히 '뉴스에는 사실만 있고 의견은 없다.'라는 명제를 아무런 의심 없이 받아들이며 가르치는 경우가 많습니다. 육하원칙에 의해서 글을 쓰는 것은 사실을 사실로 전달하는 방법이라고 간주하기 때문입니다. 그러나 육하원칙 가운데 '누가, 언제, 어디서, 무엇을'에 관한 정보는 비교적 객관적인 것인 반면에, '어떻게'와 '왜'에 관한 기술은 매우 주관적인 의견을 담고 있을 수 있습니다. 모든 뉴스 기사에는 원칙적으로 사실과 의견이 모두 담길 수 있는 것입니다.

예를 들어, 'ㅇㅇ시에 200명 남짓한 시민이 모여 화장장 건립을 반대하는 시위를 벌였습니다.'라는 문장과 '영하 10도를 밑도는 주말, 무려 200여 명의 시민이 모여 화장장 건립을 반대하며 재산권 수호를 위한 행진을 했습니다.'라는 문장이 있다고 가정해 봅시다. 첫 번째 문장과 두 번째 문장은 기본적으로는 같은 사건을 보도하고 있습니다. 그러나 첫 번째 문장의 경우에는 특별히 날씨에 대한 언급이 없는 데 비해, 두 번째 문장의 경우 '영하 10도를 밑도는 주말'에 사람들이 모였음을 언급하고 있다는 점, 첫 번째 문장의 경우에는 '200명 남짓한 시민'이 모였다고 표현한 반면 두 번째 문장에서는 '무려 200여 명의 시민'이 모였다고 표현하고 있다는 점에서 차이가 있습니다. 이러한 차이로 미루어 볼 때 첫 번째 문장을 작성한 기자와 두 번째 문장을 작성한 기자는 이 사건을 바라보는 다른 의견을 나타내고 있음을 알 수 있습니다.

이처럼 뉴스는 온전히 객관적인 사실만을 보도하기보다는 사건을 바라보는 특정한 시각에서 보도하게 됩니다. 그렇다고 뉴스가 의도적으로 사실을 왜곡한다는 것은 아닙니다. 사실을 왜곡 보도하는 것은 분명히 잘못된 것이고 해서는 안 되는 일입니다. 그러나 아무리 객관적이고 공정한 태도를 유지하려 하더라도, 신문 기사를 작성하는 과정에는 어쩔 수 없이 특정한 시각과 의견이 반영될 수밖에 없습니다. 뉴스가 객관적 사실만을 전달한다는 생각이야말로 오히려 잘못된 생각일 수 있는 것입니다. 따라서 뉴스를 읽을 때에는 그 기사가 사실과 의견을 드러내는 방식을 이해함으로써, 하나의 사건에 대해 존재할 수 있는 다양한 관점을 두루 이해하는 폭넓은 안목을 지닐 수 있게 될 것입니다.

1) 이렇게 수업해 보세요

(1) 같은 사건에 대해 다른 관점에서 작성된 두 가지 뉴스를 준비하세요. 이때 신문 기사라면 보도 사진이 포함된 기사를 선택하도록 하고, 방

송 뉴스라면 인터넷에서 제공되는 뉴스 스크립트를 이용하도록 합니다. 정치적으로 민감한 사건보다는 어린이들이 쉽게 이해하고 공감할 수 있는 내용을 선택하도록 합니다. 어린이들에게 이 두 가지 뉴스가 무엇에 대해 보도하고 있는지 살펴보면서 사실만을 찾아보도록 합니다. 이때 〈활용할 수 있는 자료〉에 제시된 뉴스를 활용할 수 있으며, 다음과 같은 질문을 활용할 수 있습니다.

- 이 두 가지 기사를 비교하면서 읽고, 사실이라고 생각되는 부분에 밑줄 긋기 등으로 표시해 보세요.

(2) 이번에는 두 가지 기사에서 기사를 작성한 사람의 의견이 포함되어 있다고 생각되는 부분에 밑줄로 표시를 하도록 합니다. 이때 다음과 같은 질문을 활용할 수 있습니다.

- 기사를 쓴 사람이 특히 강조하고 있는 부분에 표시를 해 보세요.
- 두 기사의 내용 중에서 같은 사실을 표현하고 있지만, 의견이 반영된 것으로 보이거나 어감이 다르게 느껴지는 부분이 있는지 찾아 표시해 보세요.

(3) 기사 내용 가운데 의견이 반영되었거나 어감이 다르게 느껴지는 것으로 표시한 부분을 발표하도록 합니다. 이때 다음의 질문을 활용합니다.

- 신문 기사의 문장 중에서 어느 부분을 보고 의견을 드러내는 것이라고 판단하였나요?

(4) 위에서 발표한 내용에 대해 다른 어린이들은 어떻게 생각하는지 적극적으로 토론하도록 합니다. 토론을 할 때에는 다음과 같이 질문할

수 있습니다.

- 발표자가 지적한 부분에 어떤 의견이 표현되었다고 생각하나요?
- 발표자와 다른 생각을 가진 사람이 있나요? 왜 다르게 생각하나요?

(5) 뉴스에서 의견이 표명된 부분을 찾아 정리해 줍니다. 이때 뉴스 내용이 옳은지 그른지에 대한 판단을 하는 것은 보류하는 것이 좋습니다. 뉴스는 객관적인 사실 보도를 목적으로 함에도 불구하고 글 쓰는 이의 의견이 드러나기도 하며, 그것은 같은 사실에 대해 다른 언어 표현을 통해 보도하는 점을 통해 확인할 수 있다는 점을 이해하도록 하는 것이 바람직합니다. 이때 다음과 같은 점을 강조할 수 있습니다.

- 뉴스가 사실 보도를 목적으로 하기는 하지만, 사실만을 나타내는 것은 아닙니다.
- 뉴스에는 사실과 함께 그것을 보도하는 이의 의견도 함께 드러납니다.
- 뉴스를 볼 때에는 뉴스가 보도되는 사실뿐 아니라, 그것을 보도하는 이가 그 사실에 대해 어떤 의견을 가지고 있는지도 함께 생각하며 비판적으로 읽어야 합니다.

2) 이렇게도 할 수 있어요

같은 사건을 보도하고 있지만 서로 상반된 측면을 부각시키고 있는 보도 사진을 두 장 준비합니다. 사진과 사진에 동반된 기사의 의미가 서로 상호작용하면서 일어난 사건에 대한 의견이나 입장을 강조할 수 있다는 점을 이해하도록 지도합니다. 그런 후에 각각의 사진의 의미를 보다 더 명확하게 지지하는 기사를 작성해 보도록 지도합니다.

기사 작성이 끝난 후에는 기자의 입장에서 그 기사를 작성할 때 특별히 자신의 의견을 담아 표현한 부분이 어디인가를 설명하게 합니다. 그리고 자신이 쓴 문장에 나타난 의견이 독자에게 잘 전달되었는지에 대해 다른 어린이들의 의견을 들어 보게 합니다. 필요하다면 토론이 끝난 후에 기사를 수정할 수 있는 시간을 주는 것이 좋습니다.

이 수업의 목적은 어떤 사건을 바라보는 특정 입장에 서서 그 편을 옹호하거나 반박하는 데 있는 것이 아닙니다. 따라서 수업의 방향이 특정 기사의 내용 자체에 대한 토론으로 흐르는 것은 경계할 필요가 있습니다. 이 수업은 특정 사안에 대해 사실과 의견을 드러내기 위해 언어적으로 어떤 장치나 기법들이 사용되는지, 문장을 다양한 방법으로 사용하면서 그 의미가 어떻게 달라지는지를 자유롭게 실험하고 연습하는 데에 초점이 있다는 점을 다시 한 번 강조합니다. 뉴스의 언어가 온전히 객관적일 수만은 없음을 이해하는 것이 이 수업의 초점임을 교사 스스로 분명히 인지할 필요가 있습니다.

활용할 수 있는 자료

• 뉴스 A

사랑도서관의 어린이 책 이용실태를 살펴보았습니다. 보시다시피 책이 찢어지고, 군데군데 낙서가 되어 있습니다. 이 도서관의 사서교사 황빛나 씨(34세)는 "책을 이용하는 어린이들이 책을 소중하게 다루어야 할 것 같아요."라고 말하였습니다. 어린이들이 책을 소중하게 다룰 수 있도록 하는 교육이 필요합니다.

• 뉴스 B

사랑도서관을 이용하는 어린이는 하루에 500명이 넘습니다. 특히 어린이들에게 인기가 있는 책은 대출하기가 쉽지 않습니다. 이동훈(12세) 어린이의 말을 들어 봤습니다. "인기 있는 책은 여러 권이 있었으면 좋겠어요. 책 한 권을 친구와 함께 보다 보면 어쩔 수 없이 구겨지기도 하고 불편해요." 어린이들이 즐겨 찾는 책은 좀 더 많이 구비하는 정책이 필요합니다.

11. 광고가 만들어 내는 이야기의 가치에 대해 어떻게 해석하게 할까요?

광고에 대해 가르칠 때 흔히 광고란 상업적 의도로 사람을 현혹하는 것으로, 신뢰할 수 없는 텍스트라고 단순화하여 접근하는 경우가 많습니다. 그래서 광고 가운데 허위 광고나 과대과장 광고를 비판하는 내용으로 수업이 이루어지는 경우가 많습니다. 그러나 광고 카피를 표현하는 문자, 사진이나 동영상 같은 시각적 이미지, 음향과 음악 등의 소리에 이르기까지, 다양한 언어와 기호가 의미를 만들어 내고 보는 이를 설득하는 방식을 살펴보는 것은 광고에 대한 교육에 있어 매우 중요한 부분입니다. 또한 광고에 담긴 내용이 우리의 문화를 어떻게 반영하고 있는지 살펴보는 것 역시 매우 중요합니다. 광고는 일차적으로 상업적 의도에 의해 만들어지고 유통된다는 점에서 이를 비판적으로 이해하는 것도 중요하지만, 광고를 영상물의 의미 작용이나 현대사회와 문화를 이해하는 통로로서 활용하는 것도 매우 중요합니다.

언제부터인가 본래의 방송 프로그램보다 더 재미있어 인기를 끄는 광고들이 생겨났고 이것들이 사람들 사이에 회자되기 시작했습니다. 원래 광고는 상업적 이익을 목적으로, 특정 상품을 홍보하는 글이나 사진 또는 동영상 등을 의미합니다. 게다가 이 광고는 30초라는 매우 짧은 시간 동안 반짝하고 지나갑니다. 그런데 어떤 광고는 60분짜리 방송 프로그램보다 강렬한 인상을 남기고, 때로는 다시 보고 싶은 생각이 들게까지 합니다. 이렇게 재미있는 광고의 의미 작용 방식과 그 이야기의 가치에 대해 좀 더 세밀히 들여다보게 하려면 어떻게 수업하면 좋을까요?

광고는 무엇보다 글과 그림의 상호작용을 통해 자신들의 메시지를 표현하고 전달하는 면에서 매우 세련되고 집약적인 장르입니다. 광고는 기본적으로 설득을 위한 장르이며, 30초라는 짧은 시간 안에 메시지를 전달하기 위해서 글, 이미지, 소리(음악이나 음향)를 최대한 효과적으로 활용하는 텍스트입니다. 바로 이런 점에서 광고를 비판적으로만 접근하는 기존의 수업은 새로운 가능성을 발견할 수도 있습니다. 특히 광고는 매우 세련된 은유나 문화적인 함의를 갖는 비유 등을 활용하는데 이런 면에서도 교육적인 함의를 찾아낼 수가 있습니다.

위와 같은 특징과 함께 광고가 만들어 내는 다양한 이야기들에 주목해 보는 것이 중요합니다. 피로회복제 '박카스'의 광고를 예로 들면, 젊은 대학생 커플이 여자 친구의 귀가시간을 지키기 위해서 열심히 달려가는 모습과 여자 친구를 집 앞에 무사히 데려다 준다는 이야기를 통해 '건강한 젊은이'라는 메시지를 표현한 바가 있습니다. 이 광고는 장년층 이상을 대상으로만 하는 음료의 이미지를 젊게 바꾸었을 뿐만 아니라 대학생이 많아진 당시 사회에 건전한 이성교제라는 메시지도 동시에 전달하였다는 평가를 받습니다.

수업에서 광고를 다룰 때에 중요한 점은 광고가 보여 주는 이야기가 메시지 전달에 효과적이라는 점과 함께 그 이야기가 표현하고 있는 메시지가 드러내는 가치가 무엇인지 살펴보는 활동을 함께 다루어야 한다는 것입니다. 앞서 말한 대로 광고는 설득하는 텍스트입니다. 즉, 광고를 보는 사람은 그 광고가 전달하는 이야기(메시지)가 과연 어떤 가치를 갖는지, 그러한 의미가 자연스러운 것인지 타당한 것인지에 대해 나름대로 평가하고 판단을 내려야만 합니다. 그 광고가 설득하는 내용에 동의할 것인가 아니면 다른 대안이 필요하다고 여길 것인가를 결정해야 합니다.

이것은 단지 그 상품을 살 것인가 아닌가의 문제보다는 보다 더 상위 수준의 접근이라고 할 수 있습니다. 내가 그 상품을 사거나 이용할 것인가를 직접 언급하는 것에 초점을 맞추는 것이 아니라 그 광고가 제시하는 이야기 속에 담긴 메시지가 어떤 가치를 드러내고 있는지를 탐색하는 것에 중점을 두는 접근입니다.

광고가 보여 주는 이야기를 이해하기 위해서는 광고에 사용되는 문자 언어뿐만 아니라 영상의 내용, 소리나 음악, 분위기, 소품 등을 종합적으로 다루어야 합니다. 이 모든 것은 광고의 메시지를 표현하려는 의도로 사용된 것이기 때문입니다.

1) 이렇게 수업해 보세요

(1) 동영상 혹은 지면 광고를 보여 줍니다. 이때 어린이의 생활과 관련된 이야기를 다루는 광고를 선정하도록 합니다. 어린이의 생활용품을 광고하는 광고일 수도 있지만, 어린이 혹은 어린이의 경험과 관련이 있는 이야기로 표현된 광고도 효과적입니다. 〈활용할 수 있는 자료〉에 제시된 광고를 활용할 수도 있습니다. 이때에는 광고에 나타난 이야기에 주목하도록 하며 아래와 같이 질문합니다.

- 누가 무엇을 하고 있는지 생각하면서 광고를 보세요.

(2) 자막과 내레이션의 내용에 초점을 맞추어 다시 한 번 광고를 보도록 합니다. 광고를 한 번만 보고서는 다양한 표현 요소들을 찾아내기가 어렵습니다. 중점적으로 보아야 할 요소를 미리 말해 주고 광고를 반복해서 보여 주는 것이 좋습니다. 이때 〈활용할 수 있는 자료〉에 제시된 첫 번째나 두 번째 광고를 보여 줄 수 있으며, 다음과 같은 질문을 활용할 수 있습니다.

- 자막에서 알 수 있는 것은 무엇인가요?
- 등장인물의 말을 통해서 알 수 있는 것은 무엇인가요?
- 이 광고는 특정한 제품의 광고와 어떻게 관련되나요?

(3) 광고가 무엇을 중점적으로 드러내려고 하는지를 생각하여 말하도록 합니다. 이때 〈활용할 수 있는 자료〉에 제시된 세 번째 광고를 보여줄 수 있으며, 다음과 같은 질문을 활용할 수 있습니다.

- 이 광고는 어떤 상품을 광고하는 것인가요?
- 그 상품의 어떤 기능을 특히 강조하려고 하나요?
- 무엇을 보고 그렇게 생각하였나요?

(4) 광고의 내용을 일기로 적어 보게 하면서, 광고에 담긴 이야기를 어린이들로 하여금 정리하게 합니다. 이때 〈활용할 수 있는 자료〉 중 두 번째 광고나 세 번째 광고를 제시할 수 있으며, 다음과 같이 질문할 수 있습니다.

- 이 광고 속의 주인공이 되어 이날의 일기를 적어 보세요.
- 주인공이 한 일과 느낀 점이 모두 드러나도록 적어 보세요.

(5) 해당 광고의 메시지가 무엇인지 정리하고 자신의 의견을 말해 보도록 합니다. "이 광고의 메시지가 무엇인가요?"라는 질문은 막연하게 느껴질 수가 있으므로, 광고의 내용에 관해 구체적으로 물어보는 것이 좋습니다. 예를 들어, 〈활용할 수 있는 자료〉에 제시된 세 번째 광고에 관해서는 다음과 같이 질문할 수 있습니다.

- 휴대폰은 전화할 때만 쓰는 것이라는 생각에 대해 이 광고는 어떤 주장을 하고 있다고 보나요? 이에 대한 여러분의 생각은 어떠한가요?
- 휴대폰은 어른들만 사용하는 것이라는 생각에 대해 이 광고는 어떤 주장을 하고 있다고 생각되나요? 여러분은 이에 대해 어떻게 생

각하나요?

(6) 이 광고에서 가장 중요한 부분은 어디인지를 찾아보고, 그 이유를 말해 보게 합니다. 가장 중요한 부분은 영상의 한 장면이 될 수도 있고, 자막이나 대사의 한 부분이 될 수도 있습니다. 이때 다음과 같이 말할 수 있습니다.

• 이 광고에서 가장 중요한 부분을 찾고, 왜 그렇게 생각하는지 말해 보세요.

(7) 마지막으로 이 광고를 평가하게 하고, 전체적으로 어떻게 생각하는지를 말하게 합니다.

2) 이렇게도 할 수 있어요

광고의 이야기는 특정 대상을 목표로 만들어진다는 것을 알려 주는 수업을 할 수 있습니다. 광고는 '목표 수용자(target audience)'를 처음부터 명확하게 정한 후에 만들어집니다. 따라서 광고의 이야기가 누구를 대상으로 하고 있는지를 아는 것은 그 광고가 전달하고자 하는 메시지를 이해하는 데에 필수적인 내용입니다. 이러한 수업을 위해 어린이들을 목표 수용자로 설정하고 있는 학습지나 학원 광고를 제시할 수 있습니다.

이 광고를 보고 난 후, 이 광고 속 어린이를 주인공으로 하여 이야기를 적어 보게 합니다. 이 광고는 어린이와 어른 중 누구에게 더 설득력이 있을지 물어봅니다. 그렇게 생각한 이유를 말해 보면서 광고의 이야기는 실제로 상품이나 서비스를 이용하기 위해 돈을 지불하는 사람들이 누구인가를 생각하고 만들어진다는 점을 알려 줍니다.

활용할 수 있는 자료

광고 포털 사이트인 http://www.tvcf.co.kr에서는 국내외의 다양한 영상 광고를 검색하고 내려 받을 수 있습니다. 아래는 여기서 찾아볼 수 있는 광고의 예입니다.

〈광고 1〉 재능교육(2007년)

CMSong: 자기의 일은 스스로 하자.

내레이션: 컴퓨터보다 게임보다 공부가 더 재미있다면 거짓말일까?

CMSong: 우리는 척척척 스스로 어린이 자기의 일은 알아서 하자.

내레이션: 좋아서, 쉬워서, 스스로!

〈광고 2〉 경동 나비엔(2008년)

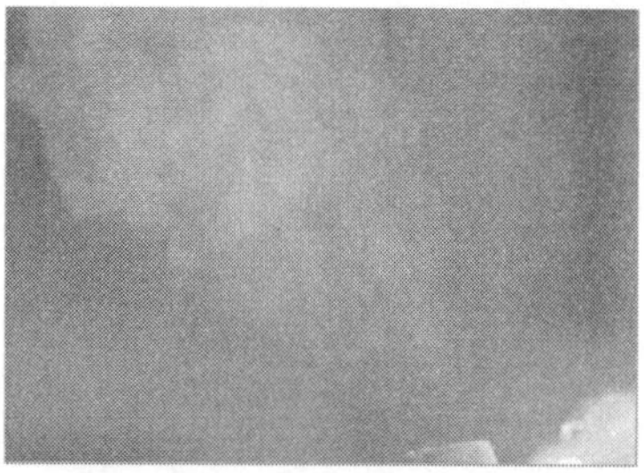

자막: 시험을 망쳤어요.
NA: 얼어붙은 성적표에 보일러
 놔 드려야겠어요.
자막: 따뜻한 세상을 꿈꿉니다.

〈광고 3〉 삼성전자 또 하나의 가족(2008년)

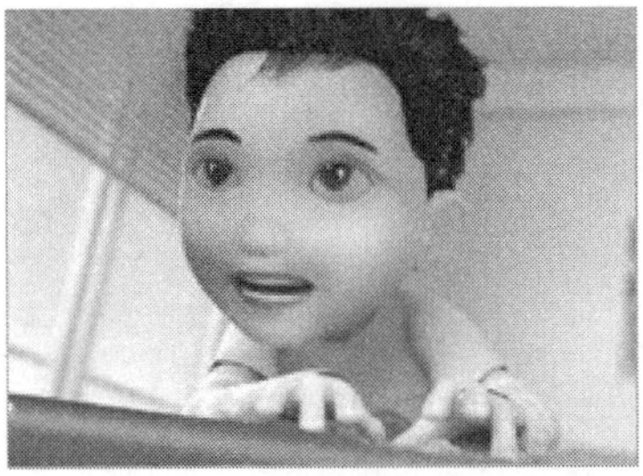

여: 훈아, 한 시간 다 됐다.
게임 그만 하고 과일 먹자.
남아: 방으로 갖다 주세요.
여: 아니 얘가~ 훈아!
남아: 엄마~! 요 게임만.
남: 게임에 푹 빠진 훈이. 엄마는 어떻게 할까요?

〈광고 4〉 SK 텔레콤(2007년)

자막: 2006년 경기도 조혜원 어린이의 실제 이야기입니다.

여아: 이건 꽃이고, 이건 멍멍이고, 이건 비행기고, 이건 누나야. 예쁘지?

내레이션: 좋은 것을 보면 함께하고픈 게 사람입니다.

자막: 좋은 것을 보면 함께하고픈 게 사람입니다.

당신의 이야기를 기다립니다, 인터넷 주소창에 '사람을 향합니다.'를 쳐 보세요. 대한민국을 새롭게 하는 힘, 사람을 향합니다.

12. 애니메이션의 시각적 표현과 이야기를 어떻게 감상하게 할까요?

애니메이션은 어린이들이 매우 좋아하는 영상물입니다. 최근에는 어린이들을 대상으로 만들어진 애니메이션 작품도 많아지고 애니메이션을 전문적으로 방송하는 케이블 채널도 여럿 생겼습니다. 따라서 어린이들이 애니메이션을 접할 수 있는 기회는 매우 많아졌다고 할 수 있습니다. 이처럼 현실적으로 어린이들이 애니메이션을 접하는 경험은 많아지는 데 반해 애니메이션 감상을 어떻게 지도해야 할까에 대한 안내는 쉽게 찾아볼 수가 없습니다. 그렇다면 애니메이션의 시각적 표현과 이야기를 어떻게 감상하게 해야 할까요?

한 가지 방법은 애니메이션의 감상과 그림책 감상에 어떤 차이가 있는지를 알아보면서, 애니메이션 감상의 특징을 이해하도록 하는 것입니다. 애니메이션과 그림책 모두 시각적 이미지를 중심으로 이야기가 전개되어 나간다는 점에서 비슷하지만 애니메이션의 이미지는 움직이는 이미지, 즉 동영상이라는 점이 다릅니다. 그리고 애니메이션에서는 시각적 이미지 외에 음악, 목소리 등 청각적인 요소들이 이야기의 의미를 형성하는 데에 중요한 역할을 합니다. 그림책에서는 문자와 그림이라는 두 가지를 통해 의미가 구성된다면, 애니메이션은 움직이는 이미지와 소리 그리고 음악 등 여러 가지 요소를 통해 의미가 구성된다는 점을 고려해야 합니다.

이 움직이는 이미지와 소리라는 요소는 어린이들이 애니메이션에 몰입할 수 있도록 이끄는 강력한 요소들이기도 합니다. 책을 읽는 동안에는 문자 언어의 의미를 이해하고, 문장과 그림의 관계를 연결함으로써 이야기의 의미를 파악하게 됩니다. 반면에 애니메이션을 감상할 때에는 이미지들이 연결되면서 만들어 내는 의미, 음악이나 음향, 배우의 목소리 등을 종합적으로 이해하면서 애니메이션의 내용을 더 풍부하게 이해할 수 있게 됩니다.

어린이들이 애니메이션을 감상하는 동안에는 대개 이 모든 것의 통합적인 작용 한가운데에 놓임으로써 이야기에 몰입하게 됩니다. 애니메이션을 감상할 때에는 충분히 몰입하는 것이 일차적으로는 바람직합니다. 그러나 수업에서 애니메이션 감상을 다룰 때에는, 어린이들이 충분히 몰입한 후 다시 그 작품 밖으로 나와서 그 작품을 내려다볼 수 있는 안목을 길러 주는 것이 필요합니다.

이러한 안목은 한두 번의 수업으로 달성할 수 있는 것은 아닙니다. 바람직한 독서 습관을 정착시키기 위해서는 꾸준하고 반복적인 교육이 필수적이듯이 애니메이션을 감상하는 능력과 안목도 장기적인 계획이 필요합니다. 독서 교육에서 책표지를 읽는 법, 목차의 중요성과 의미, 문장, 단편에서 장편으로 옮겨 가는 것처럼 애니메이션의 다양한 요소들을 한 가지씩 중점적으로 다루어 가면서 애니메이션을 감상하는 방법과 좋은 애니메이션을 골라 감상할 수 있는 안목을 길러 줄 수 있습니다.

여기에서는 애니메이션과 책의 비교를 통해서 애니메이션을 감상할 때에는 소리와 음악이 미치는 영향의 중요성을 이해하는 수업의 사례를 소개했습니다.

1) 이렇게 수업해 보세요

(1) 그림책 『강아지똥』을 어린이들에게 보여 주며 읽어 줍니다. 실물화상기 등을 이용해, 그림책 『강아지똥』을 직접 읽어 줍니다.

(2) 이번에는 다음의 사이트에 접속하여 동영상으로 표현된, 움직이는 그림책의 〈강아지똥〉 편을 보여 줍니다. 동화책의 내용 전체가 동영상으로 표현되어 있지는 않지만, 수업에 활용하기에는 무리가 없습니다.

그리고 어린이들에게 앞서 읽은 그림책과 비교하여 표현 방식이 어떻게 다른지 물어봅니다. 이때 다음과 같은 질문을 활용하도록 합니다.

- 접속할 사이트: http://www.openkid.co.kr/flash/f8986621134.html
- 그림책과 비교하여 같은 것은 무엇인가요?
- 그림책과 비교하여 달라진 점은 무엇인가요?

(3) 『강아지똥』의 내용 중, 민들레가 돋아나면서 강아지똥과 대화를 나누는 장면을 그림책과 '움직이는 그림책'으로 다시 보여 줍니다. 그리고 다음과 같이 질문하면서 표현 방식이 어떻게 다른지를 구체적으로 말해 보게 합니다.

- '움직이는 그림책'에서 민들레가 돋아나는 부분을 그림책과 비교하면 어떻게 달리 표현되었나요?
- 민들레가 움직이고, 강아지똥과 민들레의 대화를 목소리로 직접 듣는 것은 책으로 읽는 것과 비교해서 어떤 느낌을 주나요?

(4) '움직이는 그림책'으로 된 〈강아지똥〉을 한 번 더 보여 주면서, 그림책에서는 표현할 수 없지만 '움직이는 그림책'에서는 표현된 부분을 찾아보게 합니다. 이때 다음과 같은 질문을 합니다.

- '민들레가 돋아나는 부분'처럼 그림책 『강아지똥』에서는 표현할 수 없지만 '움직이는 그림책'으로는 표현이 된 부분을 찾아보세요.
- 그리고 '움직이는 그림'으로 표현된 것이 어떤 느낌을 주는지 이야기해 보세요.

(5) 애니메이션의 표현 방식이 책과 다른 점을 정리하도록 합니다. 그

리고 그 내용을 발표하면서 교사가 정리해 줍니다.

- 그림책과 움직이는 그림책을 보고 나서, 애니메이션이 책과 다른 점이 무엇인지 정리해 봅시다.
- 애니메이션의 표현 방식: 그림, 글, 소리, 음악
- 책의 표현 방식: 글과 그림

(6) 책이나 애니메이션 중 어느 하나가 절대적으로 더 재미있거나 우월한 방식이 아니라는 점을 이해하도록 합니다. 이때 다음과 같은 내용을 강조하는 것이 좋습니다.

- 책 중에도 좋은 책과 덜 좋은 책이 있는 것처럼, 애니메이션 중에도 더 좋은 작품과 덜 좋은 작품이 있습니다
- 좋은 책을 골라 읽어야 하는 것처럼 애니메이션도 더 좋은 작품을 골라 볼 수 있어야 합니다.

2) 이렇게도 할 수 있어요

그림책과 움직이는 그림책을 비교한 수업에 이어, 움직이는 그림책과 본격적인 애니메이션 작품을 비교해 보는 수업을 할 수 있습니다.

애니메이션 〈강아지똥〉은 33분짜리 애니메이션이므로, 한 차시 안에서 전편을 다 감상하기에는 시간이 부족합니다. 이미 어린이들이 작품의 줄거리를 충분히 알고 있다면, 움직이는 그림책의 일부분과 애니메이션의 일부분만을 수업에서 중점적으로 다루는 것이 수업의 목적에 보다 적합합니다.

움직이는 그림책의 주인공과 애니메이션을 위해 창작된 주인공의 모습을 비교하고 그 느낌이 어떻게 달라졌는지를 발표하도록 합니다. 움직

이는 그림책의 인물은 동작을 취할 수 없지만, 애니메이션의 인물은 동작을 취할 수 있습니다. 이를 통해 애니메이션은 움직임을 연속적으로 표현한다는 것을 이해하도록 합니다. 또 움직이는 그림책의 성우 목소리와 음악이 주는 분위기와 애니메이션의 목소리와 음악이 주는 분위기를 비교하게 합니다. 그리고 각각에 대해 학생들이 느낀 점을 적게 합니다. 이어서 왜 그런 차이점이 생기게 되었을지 생각해 보게 합니다. 이것이 가장 중요한 활동입니다.

움직이는 그림책은 원래의 그림책을 홍보하기 위해서 만들었기 때문에 원래의 작품을 최대한 보여 주려는 의도가 있습니다. 반면에 애니메이션 작품은 그 이야기를 바탕으로 독자적인 작품으로 재탄생시키려는 의도를 지닙니다. 이러한 의도는 결국 두 이야기를 서로 다른 방식으로 표현하게 한 것입니다. 이러한 점을 이해할 수 있도록 지도하는 것이 중요합니다.

활용할 수 있는 자료

※ 다음의 문장을 잘라서 섞어 놓은 후, 하나씩 골라서 알맞은 칸에 붙여 넣도록 합니다.

이야기를 표현할 수 있다.	움직임이 연속적이다.
소리(음성, 음향) + 이미지	문자 + 이미지
장편도 있고 단편도 있다.	반드시 글자를 알아야 이해할 수 있다.
VCR이나 컴퓨터와 같은 장치가 필요하다.	좋은 내용을 담고 있는지 생각하면서 골라야 한다.

애니메이션과 책, 같은 점과 다른 점

같은 점		
다른 점		

13. 이야기를 영상으로 표현하는 방법을 어떻게 알려 줄까요?

이야기를 전달하는 방법은 역사적으로 다양하게 변화해 왔습니다. 그리스 시대에는 승전보를 전하려면 40km를 넘게 달려가서 직접 구두로 전해야 했습니다. 중세에 이르기까지 평범한 대중들은 여전히 성직자의 구어를 통해 천국에 대한 이야기를 들었습니다. 인쇄술의 발명 이후 이야기는 문자 언어를 통해 창작되고 감상되어 왔습니다. 구어와 문어를 통해 이루어지던 이야기의 창작과 감상에 새로운 매체가 더해지게 되었는데, 그것은 사진이나 그림과 같은 시각적 이미지입니다.

인쇄술이라는 새로운 기술이 문자 언어의 대중화에 기여한 것과 마찬가지로 카메라, 컴퓨터와 같은 새로운 기술이 발달하면서 사람들은 사진이나 동영상과 같은 시각적 이미지를 통해 이야기를 표현할 수 있게 되었습니다. 이제 사람들은 누구나 영상을 통해 다양한 표현을 시도할 수 있게 된 것입니다.

문자 언어로 이야기를 표현하는 경우 어휘와 문장의 결합에 의해 의미가 만들어지므로 자신이 표현하고자 하는 내용을 효과적으로 드러내기 위해서 어떤 문장을 생성하고 연결시킬 것인가를 생각해야 합니다. 반면에 사진이나 그림과 같은 이미지를 통해 이야기를 표현하는 경우에는 각각의 장면을 어떻게 포착할 것인가, 어떤 순서에 의해 연결할 것인가를 생각해야만 합니다. 다시 말해 장면의 선택과 생략을 통해 표현하고자 하는 이야기의 내용이 결정됩니다.

영상을 통해 이야기를 표현하고자 할 때에 선택과 생략을 이해하기 위해서는 만화책을 떠올려 보면 이해하기가 쉽습니다. 만화가는 이야기의 모든 장면을 다 그릴 수 없습니다. 이야기의 전개에 있어서 핵심적인 의미를 갖는 장면을 선택합니다. 그리고 그 각각의 장면에 고유한 의미를 부여합니다. 다음의 간단한 4컷 그림을 살펴봅시다.

첫 번째 컷과 두 번째 컷 사이에는 원숭이가 바나나 껍질에 다가가는 시간이 생략되어 있습니다. 그리고 세 번째 컷에서는 원숭이가 바나나껍질을 밟는 전체 모습을 보여 주는 것이 아니라 발과 바나나만 그려졌습니다. 이 역시 중요한 부분을 강조하기 위해 선택된 장면입니다. 이렇게 이야기를 영상으로 표현하기 위해서는 이야기의 장면을 선택적으로 보여 준다는 점을 알 수 있습니다.

선택과 생략이 일정한 의미를 가지기 위해서는 장면과 장면 사이에 일정한 연결고리가 형성되어야만 합니다. 위의 만화에서 누가 이 포스터를 그렸는지를 알려 주는 장면이 생략되었지만 독자는 예측할 수 있습니다. 첫 번째 컷에서 원숭이가 미술도구를 들고 있었다는 점을 단서로 의미를 구성할 수 있기 때문입니다. 아울러 여기에 음향과 음악, 그리고 내레이션이나 대사가 결합한다면 장면과 장면 사이의 연결이 보다 명확해지고 전달하고자 하는 이야기를 보다 효과적으로 표현할 수 있게 됩니다.

1) 이렇게 수업해 보세요

(1) 여러 컷의 사진이나 그림을 모아 만든 일련의 그림들을 어린이들에게 제시합니다. 이때 반드시 이미 완성된 이야기를 보여 줄 필요는 없습니다. 여러 그림책 혹은 잡지 등에서 사진이나 이미지를 선택하여 조합한 것을 만들어 제시해도 됩니다. 단, 일련의 맥락 안에서 서로 연결될 수 있는지를 어린이의 수준에서 생각하는 것이 필요합니다.

(2) 모둠별로 제시된 그림을 보고 각 장면이 나타내고 있는 바를 알아보게 합니다. 그리고 그 이야기의 제목을 붙여 보도록 합니다. 모둠별로 각자 생각한 것과 다른 모둠이 발표하는 내용을 비교하게 합니다. 다음의 질문을 활용하도록 합니다.

- 그림을 보면서 무엇에 대한 이야기인지 생각해 보세요.
- 이 이야기에 등장하는 사람은 누구인가요?
- 이야기가 일어나는 장소는 어디인가요?
- 이 이야기의 분위기는 어떠한가요?

(3) 이번에는 그 그림들을 컷별로 잘라서 새롭게 배열하도록 합니다. 이때 모든 장면을 다 사용해야 하는 것은 아니며 선택적으로 사용할 수 있도록 합니다. 그리고 더 필요한 장면이 있다면 어린이들로 하여금 스스로 그려 넣거나 글로 적어 넣도록 합니다. 아래와 같이 활동하도록 합니다.

- 그림들을 잘라서 새로운 이야기를 만들어 보세요.
- 어떤 장면을 선택할지, 어떤 순서로 배열할지는 여러분이 표현하고 싶은 이야기에 따라 결정하세요.

• 필요한 장면이 있다면 별도의 종이에 그려 넣거나 글로 적어 넣도록 하세요.

(4) 어린이들이 자신의 이야기에 필요한 장면을 선택하고 순서를 결정하였다면 새로운 별지에 그 컷들을 붙이고, 글을 써 넣어 이야기를 완성하도록 합니다. 글이란 이야기 내용을 줄글로 적는 것이 아니라, 이야기의 제목, 대사나 효과음, 필요한 경우의 자막이나 해설 등을 의미합니다. 아래 질문의 예를 활동하도록 합니다.

• 이야기에 필요한 장면이나 순서를 결정했다면, 더 필요한 글이 무엇인지 생각해 보세요.
• 이야기의 제목을 적어 넣으세요.
• 이야기에 필요한 대사나 효과음, 자막이나 해설 등을 알맞은 곳에 더 적어 넣으세요.

(5) 완성한 이야기를 친구들 앞에서 발표하면서 같은 장면이 어린이마다 어떻게 다른 의미가 되었는지를 알아봅니다. 또 같은 장면이라도 앞부분에 쓰인 경우와 중간에 쓰인 경우, 뒷부분에 배열된 경우를 선택하여 비교하면서 보여 줍니다. 이를 통해, 문자를 사용하여 글을 쓸 때에 낱말이나 문장의 의미가 문맥에 따라 달라질 수 있듯이, 시각적 이미지는 순서와 배열에 따라 다른 의미를 나타낸다는 점을 정리해 줍니다. 다음과 같이 활동하도록 합니다.

• 같은 장면이라도 전혀 다른 뜻을 의미하는 경우를 찾아봅시다.
• 같은 장면이라도 놓인 순서가 다른 경우를 찾고 각각 무엇을 나타내는지 설명해 봅시다.

2) 이렇게도 할 수 있어요

앞에 제시된 활동에서는 비교적 같은 맥락 안에 속하는 이미지들을 통해 선택과 생략을 경험해 보았습니다. 즉, 만화면 한 만화의 여러 이미지를, 사진이면 같은 주인공이 등장하는 사진 이미지들을 제시한 경우입니다.

이번에는 서로 아무런 의미적 연관이 없는 이미지들을 연결하여 이야기를 만들어 보는 활동을 할 수도 있습니다. 가령 광고의 장면들을 제시한다면, 한 광고가 아니라 여러 광고의 장면들을 제시하는 것입니다. 어린이들이 가장 친근하게 여기는 소재로 가족이 등장하는 광고 장면을 제시합니다. 할아버지, 할머니, 어머니와 아버지, 자녀들로 구성되도록 광고 이미지를 선택하여 한 장의 종이 위에 구성합니다. 그리고 앞의 방법과 같이 활동합니다.

여기에 한 가지를 덧붙여서 어울리는 음악이나 분위기를 생각해 보도록 하면 보다 심화된 활동이 됩니다.

활용할 수 있는 자료

14. 책표지 만들기를 통해 시각 이미지의 특징을 이해하게 하는 수업을 해 봅시다

책 만들기 활동은 초등학교에서 활발하게 이루어지고 있습니다. 책 만들기 활동은 읽어야 할 텍스트로만 책을 바라보던 기존의 시각을 확대하여, 책이 갖는 물질적인 측면, 즉 다양한 형태와 모양은 물론이고 다양한 종이의 색과 종류 등을 경험하게 한다는 측면에서 미디어 교육과 관련하여 의미 있는 활동이 될 수 있습니다. 게다가 정적이기만 했던 독서 활동이 미술이나 공작 등과 통합되면서 보다 역동적인 분위기에서 이루어질 수 있는 좋은 점도 있습니다.

무엇보다도 책 만들기 활동은 책에 담긴 내용에만 초점을 맞추었던 과거의 독서 교육에 대해 내용을 표현하는 방식의 가치를 가르칠 수 있다는 측면에서 영상 이미지의 의미 작용에 대한 교육과 연관시킬 수 있습니다. 즉, 문자로 표현된 내용을 보다 효과적으로 전달하기 위해서 또는 그 내용이 보다 더 잘 드러나는 방식으로 표현하기 위해서 시각 이미지를 어떻게 사용할 것인가라는 문제를 어린이들에게 제시하는 것입니다.

책 만들기 활동과 영상 이미지의 의미 작용이 연관되는 것은 사진이나 그림에만 관련된 것이 아닙니다. 글자의 모양과 색, 글자의 배열 등 문자의 형식적 측면도 중요하게 다루어야 합니다. 최근에는 컴퓨터를 통해 문서를 작성하거나 편집하는 경우가 많으므로 다양한 글자체를 활용할 수 있게 되었습니다. 이때에는 다양한 글자체 중에서 글의 내용과 어울리는 글자체가 무엇인지, 글의 내용을 더욱 효과적으로 드러내기 위한 글자의 색은 무엇인지, 지면의 어디에 배치하는 것이 효과적인지를 생각할 수 있어야 합니다.

책 만들기 활동에서 시각 이미지와 문자의 복합적인 의미 작용을 한눈에 확인할 수 있는 것은 바로 책표지 만들기입니다. 책의 표지는 책에 실린 글의 내용을 압축적으로 함축하여 표현함으로써 책의 성격과 정보를 한눈에 드러냅니다. 또 책표지는 독자로 하여금 읽고 싶은 마음이 들도록 독자의 호기심을 자극하고 독자에게 구매욕을 불러일으킬 수도 있어야 합니다. 즉, 비슷한 내용을 다룬 다른 책들과 구별되는 면이 무엇인지를 드러내야만 합니다.

책표지는 시각적 이미지의 의미 작용뿐만 아니라 문자 언어의 관습을 학습하는 데에도 유용하게 활용될 수 있습니다. 책의 제목은 가장 큰 글씨로 쓰되, 눈에 가장 잘 띄게 표현한다, 출판사를 나타내는 것과 지은이를 나타내는 것은 각기 다르다, 지은이와 옮긴이의 차이는 무엇인가 등은 책의 내용을 보다 심도 있게 이해하기 위해서 알아야만 할 문자 언어의 관습들입니다. 특히 이러한 문자 언어의 관습들은 책을 고를 때에 중요한 표지가 될 수 있으므로 국어과에서 강조해 왔던 독서 습관 및 독서 방법과도 관련이 있습니다. 이렇게 책표지가 갖는 교육적 가치는 새롭게 인식될 필요가 있습니다.

책표지가 갖는 이러한 가치에도 불구하고 책표지 만들기를 단순히 그림 그리기 활동 혹은 독서 후 활동의 연장선으로만 접근하는 경우도 많은 것이 현실입니다. 학교에서 활발하게 전개되는 책 만들기 활동을 보다 의미 있는 교수 · 학습 방법으로 변환하기 위해서 이를 영상의 의미 작용에 대해 학습할 수 있는 차원으로 끌어올릴 필요가 있습니다.

1) 이렇게 수업해 보세요

(1) 어린이들에게 각자 기억에 남는 책을 떠올리게 합니다. 문학, 과학, 수학, 역사 등 다양한 분야를 언급해 주어서 어린이들이 다양한 분야의 독서 경험을 상기하도록 합니다. 그중에 책표지를 새롭게 만들어 보고 싶은 책을 하나 정하게 합니다.

(2) 교사는 다양한 책표지를 가진 책을 준비하거나 책표지에 대한 이미지를 준비하도록 합니다. 책 제목이 가로로 적힌 경우와 세로로 적힌 경우, 제목을 인쇄용 서체와 손 글씨로 쓴 경우, 표지그림이 있는 경우와 없는 경우, 표지가 사진으로 표현된 경우와 그림으로 표현된 경우, 옮긴이가 있는 경우 등을 보여 줄 수 있는 책표지를 준비합니다. 그리고 다음과 같은 내용을 알려 주거나 질문을 함으로써 각 책표지의 특징을 알아보게 할 수 있습니다.

- 대부분 책의 제목은 가로로 적는데 이 책은 세로로 적혀 있습니다.
- 제목이 인쇄용 서체로 적힌 경우와 손으로 쓴 글씨로 적힌 경우 각각의 느낌을 말해 보세요.
- 모든 책에 표지그림이 있는 것은 아닙니다. 표지에 그림이 있는 경우와 없는 경우, 어떤 점이 다를까요?
- 책표지를 만들 때 표지그림을 사진으로 하는 경우와 그림으로 그리는 이유는 무엇일지 그 이유를 생각해 보세요.
- 옮긴이란 책과 관련하여 어떤 일을 했다는 것을 의미하나요?

(3) '활용할 수 있는 자료'에 제시된 틀을 학생들에게 제시합니다. 이 틀은 책표지에 있는 여러 가지 정보들을 표시하는 틀입니다. 앞서 살펴본 다양한 책표지와 연관시켜서 각 칸에 어떤 정보를 적어 넣어야 할지를 질문합니다.

- 나누어 준 틀에서 제목은 어디에 적어 넣는 것이 좋을지, 그 이유는 무엇인지 말해 보세요.
- 나누어 준 틀에서 그림은 어디에 그려 넣는 것이 좋을지, 그 이유는 무엇인지 말해 보세요.
- 나누어 준 틀에서 지은이는 어디에 적어 넣는 것이 좋을지, 그 이유

는 무엇인지 말해 보세요.

(4) 어린이들이 각자 인상 깊게 읽은 책의 표지를 완성해 보도록 합니다. 제시한 틀 위에 제목, 지은이, 그림 등을 표현한 뒤 별도의 종이 위에 붙이도록 합니다. 그리고 더 필요한 정보나 더 적어 넣고 싶은 것이 있을 경우 자유롭게 표현하도록 합니다. 표현 방법에 대해서 다음과 같은 질문을 참고하도록 합니다.

- 원래의 책표지는 빨간색 바탕인데, 마지막 장면이 가장 중요한 장면이라고 생각한다면, 마지막 장면에서 주인공이 입었던 옷의 색상인 초록색으로 바꿀 수 있습니다.
- 자신이 중요하다고 생각하는 장면을 표지그림으로 바꾸세요.

(5) 완성한 책표지를 친구들에게 보여 주면서 자신의 결과물을 설명하게 합니다. 원래의 책표지와 비교할 수 있다면, 두 개를 동시에 보여 주면서 설명하게 할 수도 있습니다. 원래의 책표지와 비교하여 다르게 표현한 이유를 어린이가 이해한 책 내용과 충분히 연관시켜서 설명할 수 있도록 합니다.

2) 이렇게도 할 수 있어요

어린이들 사이에서 가장 인기 있는 책을 여러 권 선정하여 그 책의 표지로 수업을 할 수 있습니다. 책의 중요한 정보들을 가린 후 그 정보가 무엇인지를 알아맞히게 합니다. 이때에는 정보의 내용만을 물어보는 것이 아니라, 색이나 형태 혹은 위치 등 영상 언어의 의미 작용과 관련된 요소들을 질문합니다.

또 현대의 책표지와 과거의 책표지를 비교하면서 시각적 이미지와 글이 드러내는 의미를 탐색해 볼 수도 있습니다. 1980년대에 출판된 『흥부와 놀부』와 가장 최근에 출판된 『흥부와 놀부』를 제시하고 각각의 책표지가 주는 느낌을 비교합니다. 또 책표지의 어떤 요소가 과거의 것이라는 점을 드러내는지 찾아보면서, 동일한 내용을 표현하는 방식이 왜 달라지는지에 대해 생각할 수 있는 기회를 줍니다.

활용할 수 있는 자료

※ 다음의 각 칸에 '책표지, 지은이(또는 옮긴이), 출판사명, 그림이나 사진 등을 적어 넣어서 별지에 재배열하도록 합니다.

15. 학급신문 만들기를 통해 신문의 의미 작용을 이해하게 하는 수업을 해 봅시다

학교에서는 학급신문을 비롯하여 과학신문, 가족신문, 독서신문 등 각종 신문 만들기 활동이 제법 많습니다. 이런 신문 만들기 활동의 결과물을 살펴보면 대개 신문 1면의 제호 부분이 첫머리를 장식합니다. 그리고 관련 정보를 소개하는 기사가 있고 관련 기념일이나 책을 소개하는 코너가 실리는 것이 일반적입니다. 때로는 컴퓨터 프로그램을 통해 편집하여 제법 그럴듯한 신문의 분위기를 조성하는 경우도 있습니다. 신문 하나를 완성하기 위해서는 상당히 오랜 기간 동안 시간과 노력을 들여야 합니다. 그런데 과연 이렇게 공을 들인 신문 만들기가 어린이의 의사소통 능력 신장에 과연 얼마나 직접적으로 기여하는가에 대해서는 다소 의문을 제기하는 교사들도 많습니다.

따라서 신문 만들기를 통해 어린이들의 사회적 소통 능력과 미디어 능력을 기를 수 있는 방안의 모색이 필요합니다. 신문의 뉴스 기사를 문자언어로 된 기사로만 접근하기보다는 기사와 사진이 복합적으로 의미를 전달한다는 점을 이해하는 것, 헤드라인을 작성하는 다양한 방법을 통해 객관적인 사실과 더불어 신문 제작자의 관점이 드러나도록 표현하는 것, 신문의 성격에 알맞은 광고를 선정하는 것, 독자가 누구인가를 생각하면서 기사를 작성하는 것 등이 이 수업에서 다룰 수 있는 내용입니다.

신문 기사를 작성하는 방법은 국어 수업에서도 늘 강조해 다루어 왔습니다. 예상 독자를 생각하면서 글을 쓰는 것이나, 육하원칙에 따라 일어난 일이 명확하게 드러나게 글을 쓰는 것 등은 모두 이와 관련된 내용들입니다. 또 기사를 작성하기 전에 인터뷰를 통해 취재를 하거나 대상을 소개하는 글쓰기 등도 신문 만들기와 관련시킬 수 있는 국어과 교육 내용입니다.

그런데 지금까지 국어 수업에서는 문자 언어를 사용하여 기사문을 작성하는 것에 주된 초점을 두었습니다. 하지만 기사문 자체를 작성하는 것은 신문 만들기의 전체 과정에서 지극히 일부에 해당합니다. 신문 제작 과정에는 작성된 기사를 중요도에 따라 분류하여 적절한 자리에 배치함으로써 그 기사의 가치를 최종적으로 결정하는 일도 중요합니다. 신문의 일면에 기사를 배치하는 일은 단순하게 신문의 첫 번째 페이지라는 의미를 넘어서서 그날 보도되는 소식 가운데 가장 중요한 소식이라는 의미를 부여하는 일이기도 합니다. 또한 같은 페이지라 하더라도 상단인지 하단인지, 지면을 얼마나 차지할 것인지, 사진을 같이 넣을 것인지 기사만 실을 것인지 등과 같은 모든 일들이 뉴스의 가치를 결정하는 데에 중요한 요소로 작용합니다.

신문 만들기에서 뉴스 기사의 배치를 결정할 때에는 해당 기사가 어떤 사람들에게 필요한 뉴스인지, 어떤 점에서 다른 기사보다 더 중요하다고 생각하는지 등에 대해 어린이 스스로 입장을 정할 수 있는 기회를 주어야 합니다. 또 사람들마다 뉴스의 중요도가 다르다고 판단하는 이유와 다른 사람의 관점에 대해 합리적이고 민주적인 태도를 취해야 하는 이유를 함께 짚어 주어야만 합니다. 신문 만들기 활동은 언어를 통해 자신의 관점과 가치를 탐색할 수 있다는 언어적 의사소통 능력뿐만 아니라 민주 시민으로서의 소양도 더불어 교육할 수 있습니다.

1) 이렇게 수업해 보세요

(1) 『농민신문』과 『여행신문』처럼 성격이 서로 다른 두 개의 신문을 제시하면서 각 신문의 일면을 비교해 보게 합니다. 신문을 선정할 때에는 일간지보다는 전문지 중에서 선정하는 것이 어린이들의 수준에 알맞습니다. 첨예한 시사문제를 일면으로 다루는 일간지의 경우, 신문의 성

격을 구별하기 위해서는 사회 전반에 대한 종합적 이해가 필요하며, 특정 입장을 지지하게 됨으로써 본래의 교수 목적으로부터 벗어날 우려가 있기 때문입니다.

- 국내 전문지 및 일간지로 링크되어 바로 연결할 수 있는 사이트로는 다음을 참고할 수 있습니다.
  http://www.newsstand.co.kr/

(2) 두 신문의 일면을 통해 각 신문의 성격을 알 수 있는 부분이 어디인지를 찾아보게 합니다. 다음과 같은 질문을 활용하도록 합니다.

- 각 신문의 제목을 통해 이 신문이 주로 다루는 내용이 무엇인지 말해 보세요.
- 각 신문의 예상 독자는 어떤 사람들일까요?
- 각 신문은 모두 같은 날의 신문입니다. 그런데 신문의 일면 기사가 다른 이유는 무엇인가요?

(3) 두 신문사에 실린 광고를 비교해 보게 합니다. 어떤 종류의 광고가 많이 실릴 것 같은지 예상해 보고 그렇게 생각한 이유를 말해 보게 합니다. 다음의 질문을 활용할 수 있습니다.

- 각 신문에는 무엇에 대한 광고가 많을지 예상해 봅시다.
- 그렇게 예상한 이유가 무엇인가요?

(4) 다양한 전문지들을 소개하면서 신문의 제호를 통해 신문의 성격이 무엇일지 알아봅니다. 이때 다음과 같이 질문할 수 있습니다.

• 이 신문의 예상 독자는 누구입니까?
• 이 신문에서는 무엇과 관련된 기사를 주로 다룰까요?
• 이 신문에 중요하게 실리는 광고들은 어떤 것들이 있을까요?

(5) 어린이들에게 〈활용할 수 있는 자료〉에 있는 내용을 제시합니다. 자료에 제시된 기사의 내용을 보고 각자 신문의 성격을 결정하게 합니다. 그리고 그 신문의 성격에 맞게 기사와 광고로 구분하게 합니다. 다음의 질문을 활용하도록 합니다.

• 각자 만들고 싶은 신문의 성격을 한 가지로 결정하세요.
• 제시한 자료의 내용을 잘라서 기사에 어울릴 내용과 광고에 어울리는 내용으로 구분하세요.

(6) 구분한 자료를 중요도에 따라서 배치하게 합니다. 중요한 기사일수록 눈에 잘 뜨이는 곳에, 크게 배치하도록 하고 광고의 경우에도 중요한 광고는 크게 배치하도록 합니다. 완결된 기사를 작성하는 것은 중요하지 않습니다. 어린이들이 서로 레이아웃을 마친 신문을 비교하면서 신문의 성격과 기사의 배치가 적절한지 평가해 보게 합니다. 다음에 제시된 질문을 활용하도록 합니다.

• 기사 혹은 광고의 중요도를 신문의 성격에 비추어 결정하세요.
• 중요한 순서대로 위치와 크기 등을 고려하여 배치하고 칸으로 구별하세요.

2) 이렇게도 할 수 있어요

신문의 성격에 따라서 기사와 광고의 내용이나 배치, 위치가 달라진다는 것을 학습하는 것은 신문 기사의 내용과 레이아웃의 관계에 대해 다룬 것입니다. 이와 달리 글을 쓰는 의도에 따라서 신문 만들기를 해 볼 수도 있습니다.

학급신문을 만드는 경우, 학급의 좋은 점을 홍보하는 것을 목적으로 하는가, 학급 구성원들에게 무언가를 건의하거나 요구하기 위한 것인가, 또는 학급의 구성원을 칭찬하기 위한 것인가 등에 따라서 다양한 학급신문을 만들 수가 있습니다. 때로는 학급의 재미있는 순위 신문, 기사는 없이 사진으로만 채우는 포토 신문 등 가볍고 재미있는 소재로 접근할 수도 있습니다.

일반적으로 학급신문 만들기를 하는 경우, 모둠별로 대동소이한 내용을 채우는 경우가 많습니다. 따라서 위와 같이 의도를 먼저 확인하고 의도에 따라 신문의 성격을 결정한 후, 그 성격이 드러나도록 초점화된 신문을 만들어 보는 것도 가능합니다. 이렇게 만들어진 모둠별 학급신문을 합치면 그 학급의 특징을 보다 다채롭고 풍부하게 드러내 주는 신문이 될 수 있습니다.

활용할 수 있는 자료

※ 다음의 기사를 잘라서 기사의 중요도에 따라 신문에 배치하도록 합니다.

집에서 애완견 키우는 법	어린이도 할 수 있는 간단하고 안전한 요리들	소화불량에 도움이 되는 약
주말 나들이 추천 장소	안전한 먹을거리	뉴 씽씽 자동차 출시
인터넷 예절	교통사고 10건	

16. 영상물 만들기를 통해 영상 이미지가 다른 사람들을 설득하는 방법을 이해하게 하는 수업을 해 봅시다

영상물은 일어난 일을 카메라에 담아서 재생시킬 수 있기 때문에 어떤 일을 기록하기에 유용한 미디어입니다. CCTV는 영상물의 이러한 기록적 특성을 잘 보여 줍니다. 이러한 특성으로 인해 영상물은 중요한 일을 판단할 때에 결정적인 증거 자료로 채택되고는 합니다.

그런데 영상물은 사실을 기록하는 미디어일 뿐 아니라 다른 사람을 설득하는 데에도 막강한 영향력을 발휘하는 미디어이기도 합니다. 사회의 약자나 저소득층을 위해 기부금을 모금하는 프로그램을 떠올려 봅시다. 도움이 필요한 사람들의 모습을 담은 사진과 애잔하고 감성을 자극하는 음악이 어우러진 영상물을 방영함으로써 보다 많은 사람들이 기부에 동참하도록 합니다. 기업들은 어마어마한 광고비를 지불하면서도 텔레비전 프로그램이나 영화의 앞뒤에 방영할 광고를 제작합니다. 이는 동영상 광고가 상품을 판매하기 위해 소비자를 설득할 수 있는 가장 강력한 수단 중 하나라는 점을 반증하는 것입니다.

현대사회에서 영상물의 설득적 성격을 대변하는 것으로 대표적인 것은 바로 선거와 관련된 영상물입니다. 이미 현대 선거에서의 승패가 미디어를 얼마나 효과적으로 활용하는가에 의해 결정된다는 의견은 일반적으로 받아들여지고 있습니다. 투표자들은 후보의 공약에 대해 일일이 따져 가면서 판단하기 이전에 미디어를 통해 비치는 이미지와 영상물의 수사학에 설득당하기 쉽습니다. 이 점은 현대 선거의 문제점으로 지적되기도 하는데, 영상물이 어떻게 설득하는지에 대해 이해함으로써 극복해 나가야 하는 문제이기도 합니다.

영상물로 자신의 의견이나 주장을 표현해야 하는 경우는 과거에 비해 훨씬 더 많아졌습니다. 문자를 중심으로 의사소통이 이루어지던 때에는 자신의 의견을 논리 정연한 글로 표현해 내야만 했습니다. 이에 반해 현대사회에서는 문자와 더불어 이미지와 영상으로 자신의 생각이나 의견을 표현해야 하는 경우가 늘어나고 있습니다. 특히 인터넷이 보편화되면서 영상을 통해 자신의 의견을 드러내는 일은 더욱 대중화되고 있습니다. UCC는 가장 대표적인 예입니다. UCC란 User Created Content의 머리글자를 딴 말로, 사용자가 직접 제작한 미디어 텍스트를 이르는 말입니다. 즉, 기존에 주로 영상물 생산(제작)을 담당했던 방송국이나 광고회사가 만들어 내는 영상물과 비교하여, 시청자의 편에 속한 사람들(영상물의 소비자 또는 사용자)이 만들어 냈다는 점에서 구별되는 영상물입니다. 무엇보다 UCC를 제작하는 활동은 영상 이미지의 의미 작용을 종합적으로 적용해 볼 수 있는 활동이기도 합니다.

어린이들과 함께 UCC 제작을 다룰 때에는 영상의 설득적 측면에 초점을 맞추어 접근해 볼 수 있습니다. 기존의 UCC들을 살펴보면, 단순히 재미있거나 희한한 일들이 UCC의 단골 소재가 되는 경우가 많습니다. 그러나 제작자의 입장에서 특정 의견이나 메시지를 담아서 표현하도록 함으로써 영상 이미지의 의미 작용을 보다 적극적으로 활용하게 할 수 있습니다.

설득을 위한 영상물 제작에서 다룰 수 있는 주제는 어린이들의 생활 또는 경험 범위 안에서 찾는 것이 바람직합니다. 학급 친구들, 선생님이나 학부모 혹은 보다 더 넓은 의미의 공익적 캠페인을 주제로 다룰 수도 있습니다. 또한 주어진 여건에 따라서 동영상으로 제작할 수도 있고, 지면광고처럼 사진이나 이미지와 글로만 제작할 수도 있습니다. 지면으로 제작하는 경우에는 각종 포스터 그리기 활동의 일환으로 지도할 수도 있습니다.

1) 이렇게 수업해 보세요

(1) 설득과 관련된 영상물을 감상하게 하고, 영상물이 표현하고자 하는 메시지가 무엇인지를 말해 보게 합니다. 공익광고를 제시해 주고 다음과 같이 질문합니다.

- 이 광고가 주장하는 것은 무엇입니까?
- 공익광고와 같은 영상물은 설명을 목적으로 하나요? 설득을 목적으로 하나요?

(2) 생활 속에서 설득을 목적으로 하는 영상물의 다양한 사례를 생각해 보게 합니다. 지하철이나 터미널에서 전철이나 버스를 안전하게 이용하라는 안내 방송, 에스컬레이터에서 걷지 말고 두 줄로 서라는 내용을 담은 영상물, 뷔페 음식점에서 음식을 남기지 말자는 포스터 등을 예로 들어서 설명해 줍니다. 그리고 어린이들로 하여금 이와 비슷한 사례들을 떠올릴 수 있도록 합니다. 아래와 같은 질문을 활용하도록 합니다.

- 생활 속에서 접하는 영상물 중에서 설득하는 내용을 담은 영상물을 떠올려 보세요.
- 생활 속에서 접하는 영상물 중에서 주장하는 내용을 담은 영상물을 떠올려 보세요.

(3) 가정 혹은 학교에서 앞에서 생각해 본 영상물과 같은 종류의 영상물이 필요하다고 느낀 경험에 대해 이야기해 보게 합니다. 학교라는 범주 안에서 예를 들자면, 재활용품의 분리수거 방법이나 급식시간에 지켜야 할 일, 복도 통행 시 노력할 점 등에 대한 캠페인을 생각해 볼 수 있습니다. 또는 담임선생님이나 친구들에게 부탁하고 싶은 내용으로 접근할

수도 있습니다. 대개 학교생활에서 지속적으로 언급되는 내용과 연관시키게 되면, 영상물이 제작된 후라도 실제적으로 활용될 수가 있습니다. 다음과 같이 활동하도록 합니다.

- 학교 혹은 가정에서도 이와 같은 영상물이 필요하다고 느낀 경험을 이야기해 봅시다.
- 영상을 통해서 표현하고 싶은 또는 표현하면 효과적인 주장이나 설득할 내용을 떠올려 보세요.

(4) 〈활용할 수 있는 자료〉에 제시된 스토리보드 양식을 활용하여서 설득하고자 하는 내용이 효과적으로 드러나는 영상물의 스토리보드를 작성하도록 합니다. 대상을 얼마나 잘 그리는가가 중요한 것이 아니라 시각적으로 표현하려는 대상이 무엇인지가 뚜렷하게 드러나는가에 초점을 맞추어 작성하도록 합니다. 만들고자 하는 영상물의 흐름을 보여주되 핵심적인 장면으로 표현하며, 각 장면에 어울리는 소리와 대사 등을 생각하여 적도록 합니다.

- 주장하는 내용을 효과적으로 드러낼 수 있는 방법을 생각해 보세요.
- 사진이나 만화, 그림 등 다양한 자료를 활용해서 표현할 수 있습니다.
- 각 장면에 어울리는 음악이나 음향, 대사도 함께 적어 넣으세요.

(5) 완성된 스토리보드를 발표할 때에는 표현하고자 한 의도를 설명할 수 있는 시간을 충분히 줍니다.

2) 이렇게도 할 수 있어요

어린이들이 정한 주제에 대해 다양한 사람들을 인터뷰하고 그 인터뷰 화면을 편집한 영상물 만들기를 할 수도 있습니다. 예를 들어, 급식에 대해 하고 싶은 말을 주제로 하여 저학년부터 고학년까지, 교사, 영양교사, 행정실 등 학교 안의 다양한 사람들을 인터뷰하도록 합니다. 인터뷰는 한 사람당 한두 문장 정도로 짧게 하고 가볍고 재미있는 분위기로 촬영합니다.

인터뷰한 화면들을 보면서 선택할 장면과 생략할 장면, 인터뷰의 순서 등을 결정하도록 합니다. 그리고 각 장면 혹은 장면과 장면 사이에 필요한 자막이나 화면을 추가 작업합니다. 제목과 엔딩크레딧 등도 어린이들과 함께 만듭니다. 이 모든 것을 편집하여 영상물을 완성하고 실제 학교 방송을 통해서 방영합니다.

이후에 프로그램에 대해 다양한 사람들로부터 평가를 받고 자체 평가를 내리도록 합니다.

활용할 수 있는 자료

영상물 제작을 위한 스토리보드

※ 다음은 영상물 제작을 위한 스토리보드입니다. 더 많은 장면을 계획하려면 여러 장을 복사해 사용하면 됩니다.

제목:		
사진(그림)	음향 및 대사	장면 설명

제 3 장 영상 이미지 교육의 확장

제 3 장

영상 이미지 교육의 확장

1. 2007년 개정 초등학교 교육과정에 나타난 영상 이미지 교육 관련 내용

영상 이미지에 관한 교육 내용은 국어, 사회, 도덕, 미술 등 다양한 교과에서 찾아볼 수 있습니다. 각 교과에 나타난 영상 이미지 교육은 영상 이미지의 비판적 이해 및 창의적 생산과 직접 관련되는 경우도 있고, 간접적으로 관련되는 경우도 있습니다. 여기에서는 이 둘을 구분하지 않고 각 교과에 어떻게 영상 미디어가 반영되어 있는지 소개하겠습니다.

1) 국어과

국어과 교육과정에서 영상 이미지 교육은 듣기 · 말하기 · 읽기 · 쓰기의 기존 하위 영역 내에 반영되어 있습니다. 국어과 교육과정의 경우 다른 교과에 비해 상대적으로 영상 이미지 교육 내용을 많이 담고 있어 중학교 및 고등학교 교육과정 내용도 참고로 제시하였습니다.

(1) '내용 체계'에 반영된 영상 이미지 교육 내용

① '듣기 · 말하기 · 읽기 · 쓰기' 영역의 경우

'듣기 · 말하기 · 읽기 · 쓰기' 등 네 가지 언어활동 영역의 '내용 체계' 중 '지식' 분야에는 '매체 특성'을 반영하여 언어활동을 하도록 하는 내용이 제시되어 있습니다. 이에 따라 문자와 음성은 물론 영상 이미지와 같은 시각적 기호도 의사소통의 측면에서 다룰 수 있게 되었습니다. 아래는 2007년 개정 국어과 교육과정의 '듣기 · 말하기 · 읽기 · 쓰기' 영역에 매체 특성이 반영된 내용 체계 표를 '읽기' 영역을 예로 들어 보인 것입니다.

2007년 개정 국어과 교육과정 언어활동 영역의 '내용 체계'－'읽기'의 예

읽기의 실제	
－정보를 전달하는 글 읽기 －사회적 상호 작용의 글 읽기	－설득하는 글 읽기 －정서 표현의 글 읽기
지 식 ○ 소통의 본질 ○ 글의 특성 ○ 매체 특성	**기 능** ○ 내용 확인 ○ 추론 ○ 평가와 감상
맥 락 ○ 상황 맥락 ○ 사회 · 문화적 맥락	

② '문학' 영역의 경우

'문학' 영역의 '작품의 수용과 생산의 실제'에는 '극(연극, 영화, 드라마)'을 명시함으로써 영상 이미지를 국어교육의 내용으로 다룰 수 있도록 하고 있습니다. 문학 영역의 내용 체계 표는 다음과 같습니다.

2007년 개정 국어과 교육과정 '문학' 영역의 '내용 체계'

<table>
<tr><td colspan="2">작품의 수용과 생산의 실제
－시(시가)　－소설(이야기)　－극(연극, 영화, 드라마)　－수필 · 비평</td></tr>
<tr><td>지 식
○ 문학의 본질과 속성
○ 문학의 양식과 갈래
○ 한국 문학의 역사</td><td>수용과 생산
○ 내용 이해
○ 감상과 비평
○ 작품의 창조적 재구성
○ 작품 창작</td></tr>
<tr><td colspan="2">맥 락
○ 수용 · 생산의 주체
○ 사회 · 문화적 맥락
○ 문학사적 맥락</td></tr>
</table>

(2) '성취 기준'과 '내용 요소의 예'에 나타난 영상 이미지 교육

국어과 교육과정은 학년별 학습 내용을 제시하면서 학년별 성취 기준과 이를 달성하기 위한 활동으로서 '내용 요소의 예'를 제시하고 있습니다. 영상 이미지 교육에 관련된 '성취 기준'과 '내용 요소의 예'는 '듣기 · 말하기 · 읽기 · 쓰기'의 언어활동 영역에서 다양하게 찾아볼 수 있습니다.

① 1학년

성취 기준

(4) 인물의 모습을 상상하면서 이야기를 듣는다.

듣기

영역

내용 요소의 예

- 이야기에 나오는 인물 파악하기
- 이야기에 나오는 인물의 모습 상상하기
- 상상한 모습을 그림으로 표현하기

(4) 인상 깊었던 일을 정리하여 그림일기를 쓴다.

쓰기

- 그림일기의 형식 알기
- 하루 중 있었던 일을 떠올리기
- 인상 깊었던 일을 구체적으로 쓰기
- 그림일기를 쓰는 태도 생활화하기

(2) 문학작품에서 재미있는 내용을 그림이나 말로 표현한다.

문학

- 작품의 인상적인 부분에 주목하기
- 작품에 등장하는 재미있는 말이나 구절 등을 활용하여 짧게 표현하기
- 그림에 나타난 인물의 몸짓과 표정을 글의 내용과 관련하여 해석하기

(3) 그림동화 속의 그림을 이야기와 관련지어 이해한다.

문학

- 글을 통해 알 수 있는 내용과 그림을 통해 알 수 있는 내용을 구분하여 말하기
- 그림에 나타난 주요 인물, 대상, 사건 파악하기
- 그림에 나타난 인물의 몸짓과 표정을 글의 내용과 관련하여 해석하기

② 2학년: 해당내용 없음

③ 3학년

(4) 애니메이션을 보고 반언어적 · 비언어적 표현을 이해한다.

듣기

- 애니메이션의 특성 이해하기
- 느낌을 표현하는 말과 행동 찾기
- 말의 빠르기, 높낮이, 강약 인식하기
- 인물의 인상적인 몸짓 비교하기

(4) 만화나 애니메이션을 보고 인물의 성격을 시각적으로 표현하는 방식을 안다.

읽기

- 인물의 성격을 표현하는 방식 이해하기
- 인물의 성격이 드러나는 부분 찾기
- 인물의 성격이 시각적으로 표현된 부분을 찾아 언어로 바꾸어 표현하기

④ 4학년

(4) 글과 그림이 잘 어울리게 그림책을 만든다.

쓰기

- 읽는 이를 고려하여 내용 생성하기
- 글과 그림을 통해 표현할 수 있는 내용을 구분하여 표현하기
- 글과 그림이 서로 어울리도록 구성하기
- 완성된 그림책을 발표하고 전시하기

⑤ 5학년

(1) 발표를 듣고 매체 활용의 효과를 판단한다.

듣기

- 발표의 목적과 내용 파악하기
- 매체의 특성과 기능 이해하기
- 매체 활용의 효율성 판단하기

(4) 경험담을 듣고 비언어적 표현의 전달 효과를 파악한다.

듣기

- 비언어적 표현에 주목하기
- 비언어적 표현의 기능 이해하기
- 비언어적 표현의 전달 효과 평가하기

(1) 대상의 특성에 맞는 표현을 사용하여 발표한다.

말하기

- 대상을 관찰하고 분석하여 내용 선정하기
- 대상의 특성을 드러내는 적절한 표현 선정하기
- 시청각 보조 자료를 효과적으로 활용하기

(2) 광고에 나타난 정보의 신뢰성을 평가한다.

읽기

- 광고의 표현 특성 이해하기
- 광고를 보고 내용과 의도 파악하기
- 광고들을 비교하여 내용의 신뢰성 평가하기
- 광고를 비판적으로 수용하는 태도 기르기

(1) 학교나 지역사회에서 일어난 중요한 사건에 대해 보도하는 기사문을 쓴다.

쓰기

- 기사문의 특성 이해하기
- 중요한 사건을 선정하여 조사하기
- 조사한 내용을 육하원칙에 따라 쓰기
- 읽는 이를 고려하여 그림, 사진, 도표 등을 활용하기

(4) 말하는 이, 듣는 이, 상황, 매체 등에 따라 언어 사용 방식이 달라짐을 안다.

문법

- 의사소통 상황을 구성하는 요소 알기
- 말하는 이, 듣는 이, 상황, 매체 등을 고려하여 적절하게 의사소통하는 방법 이해하기
- 의사소통 상황과 언어 사용 방식의 관계 파악하기

⑥ 6학년

(1) 뉴스를 듣고 정보에 관점이 반영됨을 안다.

듣기

- 뉴스의 담화 구조 이해하기
- 사건의 개요 파악하기
- 서로 다른 시각이 반영된 뉴스 비교하기
- 뉴스의 사회적 기능 이해하기

(4) 드라마를 보거나 듣고 이어질 내용을 예측한다.

듣기

- 드라마의 특성 이해하기
- 사건의 전개 과정 파악하기
- 앞부분을 토대로 뒷부분 내용 예측하기

(4) 연극에서 반언어적 · 비언어적 표현의 특성을 살려 실감나게 연기한다.

말하기

- 반언어적 · 비언어적 표현의 유형과 기능 이해하기
- 인물의 성격에 맞는 표현 탐색하기
- 감정을 이입하여 실감나게 표현하기
- 무대의 특성을 고려하여 말하고 행동하기

⑦ 7학년

(2) 광고를 보거나 듣고 설득의 전략을 파악한다.

듣기

- 광고의 특성 이해하기
- 언어 표현이나 이미지 구성 방식 파악하기
- 아이디어 생성 과정 및 기획 의도 추론하기
- 광고의 신뢰성과 타당성 판단하며 듣기

(3) 주변 인물과 면담을 하고 결과를 분석한다.

듣기

- 면담의 목적과 의도 이해하기
- 면담 대상에 대한 정보 수집하기
- 매체의 특성을 고려하여 면담하기
- 면담 결과를 목적에 따라 정리하고 분석하기

(5) 영화에 등장하는 인물의 가치관이나 사고방식을 비판적으로 이해한다.

읽기

- 영화의 매체 특성 이해하기
- 영화의 서사 구조 파악하기
- 주요 인물의 성격 및 인물 형상화 방식 파악하기
- 영화에 나타난 인물의 가치관이나 사고방식에 대해 토론하기

(1) 다양한 매체에 나타난 언어 사용 방식의 차이점을 파악한다.

문법

- 언어의 기능과 특성 이해하기
- 다양한 매체에 나타난 언어 사용 방식 비교하기
- 매체의 특성을 고려하여 음성 언어와 문자 언어 사용하기

⑧ 8학년

(1) 공식적인 상황에서 매체를 활용하여 효율적으로 발표한다.

말하기

- 발표할 내용을 시각적 정보와 글 정보로 구분하기
- 발표 상황과 주제에 적합한 정보와 자료 제시하기
- 청중의 흥미와 주의를 끌 수 있도록 발표하기

(4) 드라마의 인물이 되어 반언어적·비언어적 표현을 효과적으로 사용한다.

말하기

- 인물에 어울리는 반언어적·비언어적 표현 찾기
- 드라마의 인물이 처한 상황이나 심리 이해하기
- 인물의 특성을 효과적으로 드러내어 반언어적·비언어적 표현 사용하기

(5) 다양한 풍자물의 매체 특성과 그 효과를 이해하고 비판적으로 수용한다.

읽기

- 매체 특성과 풍자물의 표현 방식 이해하기
- 생산자와 수용자가 공유하는 사회적 통념 파악하기
- 풍자물에 담긴 현실 비판의 내용과 비판 방식에 대해 평가하기
- 풍자와 표현의 자유에 대해 토의하기

(2) 글을 쓰는 목적에 맞게 정보를 재구성하여 기사문을 작성한다.

쓰기

- 기사를 쓰는 목적에 맞게 자료나 정보 수집하기
- 글을 쓰는 목적에 맞게 정보 재구성하기
- 독자에 따라 내용에 대한 반응이 다를 수 있음을 이해하기

(4) 목적, 독자, 매체가 쓰기의 내용과 형식에 미치는 영향을 고려하면서 글을 쓴다.

쓰기

- 온라인 대화, 문자 메시지, 전자우편의 매체적 특성 이해하기
- 매체의 특성이 쓰기의 내용과 형식에 미치는 영향 이해하기
- 매체 특성을 고려하여 다양한 형식의 글 쓰기
- 속어, 비어, 성차별적 언어 사용 등 부적절한 표현 고쳐 쓰기

⑨ 9학년

(1) 시사 문제에 대한 심층 보도를 비판적으로 이해한다.

듣기

- 심층 보도의 특성 이해하기
- 심층 보도의 기획 의도 파악하기
- 심층 보도의 타당성, 신뢰성 판단하기

(5) 만화의 매체 특성을 고려하여 함축된 의미를 해석한다.

읽기

- 만화의 매체 특성과 표현 방식을 글과 비교하여 이해하기
- 그린 이의 의도와 관점 파악하기
- 만화 내용의 함축된 의미 해석하기

(1) 독자의 요구와 관심사를 고려하여 학교나 지역사회를 홍보하는 글을 쓴다.

쓰기

- 홍보하는 글의 구성 방법과 표현의 특징 이해하기
- 조사, 면담 등을 통하여 정보 수집하기
- 부연 설명, 인용을 사용하여 내용 구체화하기
- 홍보 대상에 대한 독자의 요구와 매체 특성 고려하기

(5) 영상 언어의 특성을 살려 영상으로 이야기를 구성한다.

쓰기

- 영상 언어의 특성 이해하기
- 일상적 경험이나 사회적 사건을 바탕으로 이야기 구성하기
- 관객이나 시청자의 관심과 흥미를 고려하여 영상물 만들기

⑩ 10학년

(1) 인터넷 매체를 활용하여 효과적으로 자신을 소개한다.

말하기

- 인터넷 매체를 통해 자신을 소개할 때 필요한 자료 이해하기
- 글, 사진, 그림, 동영상으로 자신을 표현하거나 설명하기
- 청자의 관심을 고려하여 자신의 홈페이지 내용을 효과적으로 소개하기

(4) 생활 주변에서 발생하는 문제를 취재하여 보도한다.

말하기

- 방송 보도의 특성 이해하기
- 문제의 중요도를 고려하여 취재 내용 선정하기
- 문제가 잘 드러나도록 보도 내용 편집하기
- 방송의 특성을 살려 보도물 제작하기

(2) 그림이나 사진, 그래프나 도표 등의 자료를 해석하는 글을 쓴다.	
	쓰기
	• 자료를 해석하는 방법과 유의점 이해하기 • 해석에 영향을 미치는 요인을 고려하여 그림이나 사진 등을 해석하기 • 해석하는 글을 쓰는 목적과 독자 고려하기 • 해석한 내용을 논리적 순서로 조직하여 표현하기

2) 사회과

민주 시민 양성은 사회과의 중요한 목표입니다. 따라서 사회과에서는 민주 사회에서 미디어의 역할을 중요하게 다루지만, 국어과와는 달리 영상 이미지의 의미 해석이나 표현 등 의사소통을 위한 교육 내용을 중심으로 하지는 않습니다. 2007년 개정 초등학교 사회과 교육과정에서는 매체의 힘이나 영향력에 관련된 내용을 다루거나 도표, 지도, 그래프, 사진 등을 활용하여 자료를 해석 · 표현하는 내용이 반영되어 있습니다. 다음은 사회과 교육에 반영된 영상 이미지 교육 관련 내용의 예입니다.

[4학년] – (6) 사회 변화와 우리 생활	
④ 현대사회에서 대중매체가 미치는 긍정적, 부정적 영향을 파악한다.	

[6학년] – (1) 아름다운 우리 국토	
⑧ 우리나라의 자연 · 인문 지리적 특성을 지도, 그래프, 도표로 나타내고, 다양한 자료에서 필요한 정보를 읽을 수 있다.	

3) 도덕과

도덕과 교육에서는 사회과와 마찬가지로 미디어를 중요한 탐구의 대상으로 삼고 있지만, 영상 이미지의 의사소통적 측면을 다루고 있지는 않으며, 윤리적 실천의 대상으로서 인터넷 예절이나 게임 중독 등을 다루고 있습니다. 도덕과에 반영된 영상 이미지 관련 내용은 다음과 같습니다.

4-(2)-(다) 인터넷 예절
① 인터넷에서 어린이들이 경험하는 도덕적 문제 ② 인터넷 예절을 지키지 않았을 때의 문제점 ③ 인터넷 예절의 내용과 실천 방법

5-(2)-(라) 게임 중독의 예방
① 인터넷 게임 중독의 실태와 위험성 이해 ② 자신의 인터넷 게임 이용 상황에 대한 반성 ③ 바람직한 인터넷 게임 이용 방법

4) 미술과

2007 개정 교육과정에서 미술 교과는 생각과 느낌을 시각적으로 표현하고, 시각 이미지를 통해 다른 사람과 소통하여 자신과 세계를 이해하는 예술 교과로 규정됩니다. 따라서 미술과 교육에서는 영상 이미지를 표현의 재료 및 시각 문화 향유의 대상으로 다루고 있습니다. 미술과에 반영된 영상 이미지 관련 내용은 다음과 같습니다.

(1) '목표'에 반영된 영상 이미지 교육 내용

가. 초등학교 3, 4학년 목표
(1) 시각적 대상이나 현상에 흥미와 관심을 가진다.

나. 초등학교 5, 6학년 목표
(2) 시각적 대상이나 현상에서 미적 특징을 발견한다.

(2) '내용 체계'에 반영된 영상 이미지 교육 내용

	3, 4학년	5, 6학년
미적 체험	(2) 시각 문화 환경 시각 문화 환경의 아름다움을 지각하기	(2) 시각 문화 환경 시각 문화 환경의 아름다움을 발견하고 그 특징을 이해하기

(3) '학년군별 내용 체계'에 반영된 영상 이미지 교육 내용

① 3, 4학년

(나) 시각 문화 환경
미적 체험
① 생활 용품, 생활공간, 영상물 등에서 선, 형, 색, 질감, 양감, 동세 등을 찾아보기

(가) 주제 표현
표현
③ 소리, 움직임, 이야기 등 다른 교과와 관련하여 나타내기

② 5, 6학년

(나) 시각 문화 환경

미적 체험

② 생활 용품, 생활공간, 영상물 등에서 조형 요소와 변화, 균형 등을 찾아보기
③ 시각 문화 환경에서 발견한 점과 느낌 점에 관하여 이야기하기

(가) 주제 표현

표현

③ 다른 교과의 주제와 방법을 활용하여 나타내기

(다) 조형 요소와 원리

표현

③ 평면, 입체, 영상 표현에 알맞은 조형 요소와 원리로 나타내기

5) 실과과

실과과 교육에서는 정보 기기의 기술적인 측면이나 활용 측면에 초점을 두고 미디어에 접근하고 있습니다. 이는 영상 이미지에 대한 비판적 이해와 창의적 생산을 중심으로 하는 영상 이미지 교육과는 차이가 있습니다. 다음에서는 실과과의 교육과정에 미디어 관련 내용이 어떻게 반영되어 있는지 소개하겠습니다.

(1) 미디어 관련 내용 체계

	5학년	6학년
기술의 세계	• 정보 기기와 사이버 공간 –정보 기기의 특성과 활용 –사이버 공간의 특성과 윤리	• 인터넷과 정보 –정보의 탐색과 선택 –정보를 활용한 생활

(2) '학년별 내용'에 반영된 미디어 관련 내용

① 5학년

(7) 정보 기기와 사이버 공간
(가) 정보 기기의 종류, 특성, 기능을 이해하여, 생활 속에서 다양한 방법으로 활용한다. (나) 사이버 공간의 특성을 이해하고, 사이버 공간에서의 올바른 윤리 의식을 실천한다.

② 6학년

(6) 인터넷과 정보
(가) 인터넷을 통하여 원하는 정보를 효율적으로 탐색하고 유용한 정보를 선택한다. (나) 가족이나 친구들과 함께할 수 있는 여가와 취미 활동 등에 관한 여러 가지 정보를 인터넷을 통하여 수집한 후, 컴퓨터로 작성하여 활용한다.

6) 음악과

음악과 교육에서는 영상 이미지와 관련된 음악적 표현이 내용으로 반영되어 있습니다. 다음은 음악과 교육과정 내용 체계에 반영된 영상 이미지 교육 내용입니다.

영 역	4학년	5학년	6학년
활 동	장면에 어울리는 음악 만들기	이야기를 음악으로 만들어 표현하기	이야기를 음악으로 만들어 표현하기

7) 통합 교과(즐거운 생활)

통합 교과 중 즐거운 생활은 신체활동과 표현활동이 통합된 교과로서 영상 이미지의 표현 및 이해에 관련된 내용들이 반영되어 있습니다. 다음은 즐거운 생활 교육과정에 반영된 영상 이미지 교육 내용입니다.

(1) '학년별 내용'에 반영된 영상 이미지 교육 내용

① 1학년

(나) 얼굴 표정 나타내기

(1) 가족과 친구

② 가족이나 친구의 다양한 얼굴 표정 그려 보기
③ 가족이나 친구를 재미있는 캐릭터로 나타내기

(나) 색을 이용하여 놀이하기

(3) 산과 들

① 음악을 들으며 느낌을 색으로 표현하기
② 여러 가지 색을 이용하여 표현하기
③ 색안경 만들어 놀이하기
④ 색과 관련된 놀이하기

② 2학년

(가) 봄 동산 표현하기

(1) 봄

- 봄 동산의 느낌을 노래, 색, 신체로 다양하게 표현한다.
② 봄 동산의 느낌을 다양한 색으로 표현하기

(다) 가을 소리 표현하기

(3) 가을

② 음악을 들으며 여러 가지 방법(점 · 선 · 면)으로 표현하기

(가) 동시를 여러 가지 방법으로 표현하기

(3) 가을

- 동시에 대한 느낌을 신체나 악기 및 글과 그림으로 표현한다.
② 동시에 대한 느낌을 여러 가지 악기로 표현하기
③ 동시를 듣고 떠오르는 장면을 글과 그림으로 나타내기

(다) 동화와 관련된 극놀이하기

(4) 겨울

- 극놀이에 필요한 배경 소리를 만들고 무대를 꾸며 극놀이를 한다.
② 극놀이에 필요한 간단한 배경 소리 만들기
③ 극놀이에 필요한 간단한 소품 만들고 무대 꾸미기
④ 극놀이하기

(라) 애니메이션을 다양하게 표현하기

(4) 겨울

- 애니메이션을 감상하고 인상 깊었던 장면이나 느낌을 여러 가지 재료와 방법으로 표현한다.
① 애니메이션 감상하기
② 인상 깊었던 장면 그리기
③ 배경, 주인공, 인상적인 내용 등을 여러 가지로 표현하기
④ 표현한 작품 감상하기

8) 특별활동(계발활동)

특별활동 중 계발활동은 개인의 취미와 특기를 계발 · 신장시키기 위한 교과 이외의 활동으로 특별한 교과적 특성에 얽매이지 않으므로 영상 이미지 교육의 본질을 좀 더 잘 구현할 수 있습니다. 2007년 개정 교육과정 총론에는 범교과 학습 주제에 '미디어 교육'이 포함되어 있고, 특별활동 교육과정에도 '미디어 교육'이 '학술 문예 활동, 여가 문화 활동, 정보 통신 활동'에 반영되어 있습니다. 예를 들어, 다음의 내용들에 근거하여 영상제작(감상)반, 사진반 등을 운영할 수 있으며, 이를 위해 한국문화예술교육진흥원, 방송문화진흥회, 한국언론재단과 같은 공공기관이나 각종 시민단체나 문화단체에서 강사 파견을 지원받을 수도 있습니다. 영상 이미지 교육과 직접 관련되는 내용은 음영으로 표시하였습니다.

(1) '영역별 내용'에 반영된 영상 이미지 교육 내용

① 학술 문예 활동

(3) 계발활동

문예, 연극, 방송, 현대 예술, 전통 예술, 외국어 회화, 과학 탐구, 사회 조사, 국제 문화 이해 등

⑤ 여가 문화 활동

(3) 계발활동

등산, 사진, 독서, 영화, 꽃꽂이, 원예, 기악, 서예, 바둑, 장기 등

⑤ 정보 통신 활동

(3) 계발활동

컴퓨터, 인터넷, 신문 활용 활동 등

2. 교사 연수 프로그램 안내

미디어 교육 관련 교사 연수 프로그램을 소개합니다. 연수 과정 중 사진 관련 연수는 어렵지 않게 찾을 수 있으므로 제외하고, 미디어 교육 일반 및 영상 미디어 교육 연수를 중심으로 소개하였습니다.

1) 특수 분야 직무 연수

영상 미디어 관련 연수는 해마다 각 시도교육청에서 특수(영상) 분야 직무 연수 기관을 지정하여 실시하기 때문에 다소의 변동 사항이 있을 수 있습니다. 다음은 2009년 1월 현재 개설된 (영상) 미디어 교육 연수 내용입니다.

(1) 온라인 연수

주관 기관	시기	내용	이수학점	
한국언론재단 (한국언론교육원)	상시	미디어 이해 신문 제작 / 활용 인터넷 미디어 등	2학점	무료
	http://kpf.teacherville.co.kr/			
KBI 방송연수센터	상시	영상미학 등 직무연수과정 16종 자율연수과정 16종	1~3학점	일부 과정 무료
	http://academy.kbi.re.kr/			
서울예술 원격교육연수원	상시	디지털 영화 만들기	4학점	
	http://sacct.sac.ac.kr/			

(2) 오프라인 연수

주관 기관	시기	내용	이수학점	
한국언론재단 (한국언론교육원)	방학 중	미디어 교육 NIE와 논술 지도 매체 제작 교육 등	15, 30시간	무료
	http://www.journalismschool.kr/ ※ 지역사무소별로 접수			
한국교원단체 총연합회 (교총)	방학 중	UCC와 교수 · 학습 자료 제작 기초 과정	2학점	
	http://www.kfta.or.kr/ ※한국교총, 인천 · 광주교총 등 관련과정 개설			
전국교직원 노동조합 (전교조)	방학 중	영상 연수	2학점	
	http://www.kfta.or.kr/ ※인천, 충북, 광주, 전남지부 등 관련과정 개설			
한국교육방송 연구회	방학 중	디지털 영상 제작과 학교방송 운영의 실제	2학점	
	http://www.kebs.or.kr/			
한국예술 종합학교	매주 토요일	영상 콘텐츠 창작 워크숍	2학점	무료
	http://www.knua.ac.kr / (02)746－9806~8			
충청남도 교육연수원	방학 중	디지털 영상 자료 제작 직무 연수	4학점	무료
	http://www.ceti.or.kr/			

2) 미디어 관련 공공 기관 시범학교 운영 참여(2008년 기준)

시행 기관	지원 내용
방송통신위원회	〈미디어 교육 시범학교〉 미디어 교육 활동에 필요한 기자재, 교재 구입 비용, 프로그램 제작비 및 교육 운영비 등 지원 문의: http://www.kbc.go.kr/
한국문화예술진흥원	〈문화예술교육 선도학교〉 • 사진, 만화·애니메이션, 영화, 미디어 교육 전문 강사 파견, 수업 실시 • 강사료 지원 문의: http://www.arte.or.kr/
한국인터넷진흥원	〈인터넷 미디어교실 사업〉 • 캠코더, 디지털 카메라 등 교육기자재 보급 • 강사 인건비 지원(시간당 25,000원) • 학생용 교재 및 동영상 교재 보급 문의: http://www.nida.or.kr/

3) 기타(자율 연수, 일반 강좌)

주관 기관	시기	내용	방법
전국국어 교사모임	방학 중	매체 언어교육 연수	2박 3일 자율 연수
	http://www.naramal.or.kr/		
깨끗한 미디어 교사운동	방학 중	미디어 교육/ UCC 활용	2박 3일 자율 연수
	http://cleanmedia.njoyschool.net		

한겨레 문화센터	상시	사진/영화/애니메이션 제작	교육센터 강좌	
	http://www.hanter21.co.kr			
	상시	프리미어 영화편집 입문 등	온라인 강좌	
	http://www.e-hanter21.co.kr			

영상미디어센터		상시	장비 대여, 편집실 대관, (영상) 미디어 강좌 수강
		http://www.mediact.org	
지역미디어센터	강서영상미디어센터	http://gsmedia.or.k	
	아리랑미디어센터	http://media.arirang.go.kr	
	주안영상미디어센터	http://www.juancamf.or.kr	
	제천영상미디어센터	http://www.jcbom.com	
	천안시영상미디어센터	http://www.camedia.or.kr	
	익산영상미디어센터	http://www.ismedia.or.kr	
	전주 MBC시청자미디어센터	http://www.jmbc.co.kr	
	전주시민미디어센터	http://www.0simi.org	
	광주시청자미디어센터	http://www.comc-gj.or.kr	
	독립영상미디어센터 진주	http://cafe.daum.net/imjinju	
	목포 MBC시청자미디어센터	http://mc.mokpombc.co.kr	
	안동영상미디어센터	http://www.admedia.or.kr	
	대구영상미디어센터 씨눈	http://www.dgmbc.com/Media	
	대구 MBC시청자미디어센터	http://dgmedia.or.kr	
	김해영상미디어센터	http://media.gasc.or.kr	
	마산 MBC시청자미디어센터	http://www.masanmbc.co.kr/06_viewer	
	울산 MBC시청자미디어센터	http://mc.usmbc.co.kr	
	부산시청자미디어센터	http://www.comc.or.kr	
	춘천 MBC시청자미디어센터	http://www.chmbc.co.kr/media	
	제주영상미디어센터	http://jejumedia.com/media	

3. 미디어 교육 참고 도서

선생님들이 미디어를 가르칠 때 참고할 만한 미디어 교육 관련 교재 및 참고 도서를 소개합니다. 최근 발간순으로 정리하였으며, 수업 교재는 음영처리하여 지도서와 구분하였습니다.

1) 수업 시간에 교재로 사용할 수 있는 자료

(1) 미디어 일반에 관해 포괄적으로 접근하고 있는 교재 및 지도서

안정임 외(2008). 『초등학교 저학년 인터넷미디어교실』 교육 교재, 한국인터넷진흥원.

안정임 외(2008). 『초등학교 고학년 인터넷미디어교실』 교육 교재, 한국인터넷진흥원.

안정임 외(2008). 『중학교 인터넷미디어교실』 교육 교재, 한국인터넷진흥원.

안정임 외(2008). 『「인터넷미디어교실」@강사 지침서』. 한국인터넷진흥원.

아바타, 사진, 인터넷, 영상 등 다양한 인터넷 미디어들을 프로젝트 형식으로 다루고 있습니다.

비매품. 인터넷미디어교실 홈페이지(ttp://www.imucc.kr/)에서 e-book의 형태로 이용할 수 있습니다.

한국언론학회 미디어교육위원회(2007). 『미디어 알아보기: 초등 저학년』. 방송통신위원회.

한국언론학회 미디어교육위원회(2007). 『미디어 세상 보기: 초등 고학년』. 방송통신위원회.

한국언론학회 미디어교육위원회(2008). 『미디어가 보는 세상, 미디어로 보는 세상: 중학교』. 방송통신위원회.

한국언론학회 미디어교육위원회(2007). 『미디어 알아보기 초등 고학년 지침서』. 방송통신위원회.

한국언론학회 미디어교육위원회(2007). 『미디어 세상보기 초등 저학년 지침서』. 방송통신위원회.

한국언론학회 미디어교육위원회(2008). 『미디어가 보는 세상 미디어로 보는 세상 중학교 지침서』. 방송통신위원회.

학생들이 알아야 할 미디어에 관한 전반적인 지식 및 미디어를 이해하고 표현하는 방법에 대해 학습할 수 있는 교재입니다.

비매품. 방송통신위원회 미디어교육아카이브(http://edumedia.kbc.go.kr/)에서 pdf 파일로 제공받을 수 있습니다.

김대희(2006). 『깡통 속에서 국어 수업 꺼내기』. 더존 E&H.

초등학교 교실에서 TV, 만화, 광고 등의 미디어를 도입한 국어 수업 교재로 만들어졌으나, 국어 교과 외적인 미디어 일반적인 내용들도 많이 담고 있습니다.

서점에서 구입 가능합니다.

정연실 외(2005). 『미디어와 우리: 초등학교용』. 한국언론재단 .

김기국 외(2005). 『미디어와 인간 1, 2: 중학교용』. 한국언론재단.

김기국 외(2005). 『미디어와 사회 1, 2: 고등학교용』. 한국언론재단.

미디어를 올바르게 이해하는 데 필요한 지식들을 활동을 통해 학습할 수 있습니다.

서점에서 구입하거나 한국언론재단 미디어교육아카이브(http://www.journalismschool.kr를 통해 접속)에서 pdf 파일로 제공받을 수도 있습니다.

깨끗한 미디어를 위한 교사운동(2003). 『희한한 수업: 미디어 교육을 위한 대안 교과서』. 좋은교사.

미디어와 이를 둘러싸고 있는 문화들을 주제로 현장의 경험들을 녹여내고 있습니다.

서점에서 구입 가능합니다.

백미숙 외(2002). 『초등 저학년생을 위한 미디어 교육 길잡이』. 한국언론재단.

정연실 외(2002). 『초등 고학년생을 위한 미디어 교육 길잡이』. 한국언론재단.

신민형 외(2002). 『중학생을 위한 미디어 교육 길잡이』. 한국언론재단.

맹태균 외(2002). 『고등학생을 위한 미디어 교육 길잡이』. 한국언론재단.

백미숙 외(2002). 『초등 저학년 교사를 위한 미디어 교육 길잡이』. 한국언론재단.

정연실 외(2002). 『초등 고학년 교사를 위한 미디어 교육 길잡이』. 한국언론재단.

신민형 외(2002). 『중학교 교사를 위한 미디어 교육 길잡이』. 한국언론재단.

맹태균 외(2002). 『고등학교 교사를 위한 미디어 교육 길잡이』. 한국언론재단.

애니메이션, 광고, 인터넷, 만화와 뮤직비디오 등 각 매체별 특성과 올바른 활용법 등을 다루고 있습니다.

서점에서 구매하거나 한국언론재단 미디어교육아카이브(http://www.journalismschool.kr를 통해 접속)에서 pdf 파일로도 제공받을 수 있습니다.

(2) 영상 미디어 교육을 중심으로 하는 교재 및 지침서

김승주 외(2008). 『영화교육의 다양한 교수·학습 방법』. 커뮤니케이션북스.

현장에서 영화를 가르치고 있는 강사들이 교육 현장에 적용할 수 있는 수업 방법을 개발해 초·중·고별 난이도별로 다양한 교수·학습 방법을 제시해 주고 있습니다.

서점에서 구입 가능합니다.

지역영상미디어센터 네트워크(2008). 『네모난 눈 동그란 세상어린이 영상미디어교육』.

여러 지역의 영상미디어센터에서 활동 중인 영상 미디어 활동가들이 힘을 모아 만든 어린이 영상 미디어 교육 교재입니다. 총 15차시 분으로 구성되어 방과 후 학교/특별 및 재량활동 등에서 교재로 활용할 수 있습

니다.

비매품. 주안영상미디어센터(www.juancamf.or.kr) 홈페이지 자료실에서 제공받을 수 있습니다.

오진곤 외(2008). 『고등학교 디지털 영상제작』. 한국방송영상산업진흥원.

영상의 기초 개념에서부터 영상 언어의 문법과 영상 제작의 실제에 이르기까지 영상 제작에 필요한 거의 모든 것들을 담고 있어서 교사의 입장에서는 영상의 전반적인 측면에 대해 알 수 있는 유용한 책입니다.

서점에서 구입 가능합니다.

이지은, 채승우(2007). 『감각을 깨우는 영화 창작 놀이』. 보리별.

어린이들의 감각을 깨우고, 그 감각들을 영상을 통해 표현하고 사고하는 과정을 중심으로 영화 창작을 위한 다양한 활동들을 제시하고 있습니다.

서점에서 구입 가능합니다.

한윤아(2007). 『어린이를 위한 다섯 개의 단편영화』. 보리별.

다섯 편의 영화를 통해 추상적인 영화 언어에 대한 이해를 돕고, 영화를 보고 아이들과 함께 할 수 있는 영화 읽기 실습의 예시를 담고 있습니다. DVD 수록.

서점에서 구입 가능합니다.

김재웅 외(2007). 『초등학교 5, 6학년 만화 · 애니메이션』. 한국문화예술교육진흥원.

김재웅 외(2007). 『초등학교 5, 6학년 만화 · 애니메이션 교수 · 학습 과정안』. 한국문화예술교육진흥원.

한국문화예술교육진흥원에서 학교에 파견하는 만화 · 애니메이션 분야 예술 강사들이 사용할 수 있는 교재로 개발한 것입니다.

비매품. 한국문화예술교육진흥원(http://www.arte.or.kr)으로 문의해야 합니다.

니코스 데오도사키스 저/이찬복 역(2006). 『교실 속의 영화 감독(*The director in the classroom*)』. 커뮤니케이션북스.

10여 년간의 저자의 실제 청소년 영화 제작 경험을 바탕으로 교실에서의 영화 제작 교육 수업 과정을 상세히 담고 있습니다.

서점에서 구입 가능합니다.

한국문화예술교육진흥원(2006). 『영상제작 교육 수업 교재 중 · 고교 교사용 (I), (II)』. 한국예술종합학교 영상원 부설 영상제작센터.

제작 수업을 담당하는 강사를 위해 영상의 기획에서부터 촬영, 편집에 관한 것까지 자세히 소개하고 있습니다.

비매품. 한국문화예술교육진흥원 홈페이지(http://www.arte.or.kr) 자료실에서 pdf 파일로 제공받을 수 있습니다.

한국영화학회 영화교육위원회 편(2005). 『초등학교 영화 교과서』. 도서출판 월인.

한국영화학회 영화교육위원회 편(2005). 『중학교 영화 교과서』. 도서출판 월인.

한국영화학회 영화교육위원회 편(2005). 『고등학교 영화 교과서』. 도서출판 월인.

한국영화학회 영화교육위원회 편(2005). 『초등학교 영화 지도서』. 도서출판 월인.

한국영화학회 영화교육위원회 편(2005). 『중학교 영화 지도서』. 도서출판 월인.

한국영화학회 영화교육위원회 편(2005). 『고등학교 영화 지도서』. 도서출판 월인.

영화 이론과 제작 과정 등을 동화를 통해 소개하고 각 단원마다 학습 활동을 제시하고 있습니다.

교과서는 서점에서 구입 가능. 지도서는 한국영화학회(http://fisak.com)로 문의해야 합니다.

영화진흥위원회 교재편찬위원회(2004). 『영화 읽기』. 커뮤니케이션북스.

영화진흥위원회에서 고등학생을 대상으로 만든 최초의 영화 교과서. 영화 자체는 물론 삶과 관련한 측면까지 폭넓게 다루고 있습니다.

서점에서 구입 가능합니다.

김의중 외(2002). 『초등학교용 쉽게 배우는 영상』. 한국언론재단.

김이찬 외(2002). 『중학교용 쉽게 배우는 영상』. 한국언론재단.

박순웅 외(2002). 『고등학교용 쉽게 배우는 영상』. 한국언론재단.

1부에서 다룬 영상 언어 및 편집에 대한 기초 이론을 바탕으로 2부에서는 영상 만들기 실습을 제공하고 있습니다.

서점에서 구매하거나 한국언론재단 미디어교육아카이브(http://www.journalismschool.kr를 통해 접속)에서 pdf 파일로도 제공받을 수 있습니다.

(3) 미디어 교육을 국어 교육적 시각에서 바라본 교재

전국국어교사모임 매체연구부(2005). 『국어시간에 매체 읽기: 중딩과 고딩을 위한 미디어 탐험 안내서』. 나라말.

전국국어교사모임 매체연구부에서 만든 대안 교과서로서 이미지, 서사 등 국어과와 미디어 교육에서 공통적으로 중요하게 다루어지는 개념들을 중심으로 구성되어 있습니다.

서점에서 구입 가능합니다.

송재희 외(2002). 『중딩 · 고딩을 위한 대중매체 읽고 쓰고 생각하기』. 세종서적.

영화, 만화, 대중가요 등 청소년들이 흥미 있어 하는 대중매체를 주제로 활용하여 엮은 독서논술 지침서입니다.

서점에서 구입 가능합니다.

(4) 동영상 교재

인터넷 미디어교실 동영상 교재(한국인터넷진흥원)

「인터넷 알아보기」「제대로 알고 쓰는 인터넷」「스토리보드 만들기」「UCC 만들기」「인터넷, 바르게 즐기기」「인터넷, 신나게 즐기기」의 6영역으로 구성되어 있으며, 어린이에게 친숙한 플래시 애니메이션의 형태로 제공됩니다.

인터넷미디어교실 홈페이지(http://www.imucc.kr/)에서 이용할 수 있습니다.

미디어 바로 알기(한국방송통신위원회)

「미디어의 이해」「방송의 이해」「영상 제작의 이해」의 3개의 영역으로 구성되어 있으며, 애니메이션 및 3D 가상 체험 등을 통해 실제적인 이해와 학습이 가능합니다.

방송통신위원회 미디어교육아카이브(http://edumedia.kbc.go.kr)에서 다운로드 받거나 e-book 형태로 이용할 수 있습니다.

미디어교육 길잡이(한국언론재단)

한국언론재단 미디어 교육 교재『미디어교육 길잡이』를 바탕으로 만들어진 동영상 교재로「미디어가 우리에게 오기까지」「재미있는 영상 꼼꼼하게 보기」「TV 제대로 보기」의 3개의 영역으로 구성되어 있습니다.

한국언론재단 미디어교육아카이브(http://www.journalismschool.kr)를 통해 이용할 수 있습니다.

와우! 미디어 탐험(EBS 미디어센터)

「신문 바로읽기」,「TV 뉴스 바로보기」,「인터넷 100배 즐기기」,「영화 이야기」,「현장보고, 영국의 미디어 교육」 등으로 구성되어 있으며, 미디어를 비판적이고 주체적으로 수용하는 방안을 제시하고 있습니다.

EBS 미디어센터 홈페이지(http://www.ebsmedia.net)에서 DVD를 구입할 수 있습니다.

2) 미디어 관련 어린이(청소년) 도서

(1) 미디어 전반에 관한 도서

프랑수아 드 기베르 외 지음/권지현 역(2008). 『미디어 함께 만들어요!』. 대교출판.

대표적인 미디어인 뉴스, 텔레비전, 라디오, 인터넷에 대한 기초적인 지식은 물론 미디어의 영향력과 사회적 의미 등에 대해 고민해 볼 수 있도록 해 줍니다.

강용수(2007). 『맥루한이 들려주는 미디어 이야기』. 자음과 모음.

제목과는 다르게, 생활 속의 미디어 이야기를 하나씩 깨달아 가는 어린이의 목소리를 통해 들려줍니다.

(2) 영상 제작 및 이해에 관한 도서

유혜정(2008). 『아주 특별한 상상발전소 영화』. 한솔수북.

영화 나라를 탐험하는 주인공을 따라가다 보면 어린이들이 영화에 대한 기초 지식들을 하나하나 알아 갈 수 있습니다.

김경화(2008). 『레디, 액션! 우리 같이 영화 찍자』. 창비.

영화 기초 지식에서 한 발 더 나아가 영화를 만드는 과정을 하나하나 짚어 주면서 설명해 주고 있습니다. 부록으로 영화 만들기 활동책이 있어 영화 제작 수업에서 유용하게 사용될 수 있습니다.

이지은(2007). 『얘들아 영화랑 친구하자!』. 보리별.

영화의 탄생에서부터 영화가 만들어지는 과정, 관객에 이르기까지 영화 전반에 걸친 이야기들이 동화 형식을 통해 친숙하게 다가가고 있습니다.

비타민 X(2007). 『UCC 스타(초보 탈출)』. 재미북스.

애니메이션 형식으로 구성되었으며, UCC가 어렵거나 특별한 것이 아니며, 생활 속에서 다양한 UCC를 만들 수 있다는 자신감을 얻도록 해 줍니다.

미셸 그리모 지음/이윤영 역(2003). 『레디 액션! 영화 속으로』. 삼성당.

어린이들이 영화에 대해 가졌을 만한 호기심들을 흥미 있게 풀어 가고 있으며 효과음 만들기 등 간단한 실습도 해 볼 수 있습니다.

(3) 개별 미디어 또는 이야기를 다룬 책

이현(2008). 『얘들아 정말 작가가 되고 싶니?』. 풀빛.

작가가 되고 싶은 아이에게 세상을 바라보는 방식에 대해 설명하며 자연스럽게 글쓰기에 참여하도록 유도하고 있습니다.

로렌 리디 지음/안종설 역(2007). 『멋진 내 책 만들기』. 미래 M&B.

책을 만드는 방법을 재미있는 만화 형식의 일러스트를 곁들여 소개하고 있습니다. 아이들이 만든 이야기에 직접 그림을 그려 넣고, 아이들이 원하는 모양대로 책을 만들어 볼 수 있게 하였습니다.

류혜빈, 류우종(2007). 『카메라가 생겼어요』. 디자인하우스.

초등학교 3학년 딸이 찍은 사진에 사진작가 아버지의 글이 담긴 책으로 카메라의 기본 지식뿐만 아니라 세상을 보는 시각, 촬영 자세 등을 함께 소개한 책입니다.

강재훈(2002). 『사진으로 생각 키우기』. 진선출판사.

어떻게 하면 자신의 생각을 사진으로 잘 표현할 수 있고, 또 좋은 사진을 찍을 수 있는지 친절하게 안내해 주는 책입니다.

명로진(2000). 『방송이 신통방통』. 김영사.

다양한 방송 세계의 원리와 역사, 그리고 텔레비전을 똑똑하게 보는 방법 등을 담고 있습니다.

3) 미디어에 대해 교사의 이해를 돕는 책

(1) 교사를 위한 미디어 교육 개론서

안정임 외(2008). 『인터넷미디어 @교육』. 한국인터넷진흥원.

인터넷미디어교실 강사를 위한 자료집으로 교육, 산업, 법 등 인터넷미디어와 관련한 다양한 분야를 총망라하고 있습니다.

비매품. 프로젝트 참여 교원에 한해 인터넷미디어교실 홈페이지(http://www.imucc.kr/)에서 제공받을 수 있습니다.

한국언론학회 미디어교육위원회(2007). 『미디어교육 종합자료집 1. 미디어의 이해』. 방송통신위원회.

한국언론학회 미디어교육위원회(2007). 『미디어교육 종합자료집 2. 미디어의 활용』. 방송통신위원회.

1권에서는 미디어에 관한 전반적 이해를, 2권에서는 미디어의 이해와 제작을 다루고 있습니다.

비매품. 방송통신위원회 미디어교육아카이브(http://edumedia.kbc.go.kr/)에서 pdf 파일로 제공받을 수 있습니다.

일본민간방송연맹/안미라 역(2007). 『미디어 리터러시의 도구상자』. 커뮤니케이션북스.

현장 사례를 통해 텔레비전을 중심으로 한 영상 미디어 리터러시의 구체적인 작법, 기술 등을 설명하고 있습니다.

정현선(2007). 『미디어 교육과 비판적 리터러시: 미디어 분석과 자아표현, 기능 훈련의 사례연구』. 커뮤니케이션북스.

현장에서 다양하게 전개되고 있는 미디어 교육의 이론적 고찰과 사례 연구를 통한 실천적 대안을 제시하고 있습니다.

김기태 외(2006). 『미디어 교육과 교과과정』. 커뮤니케이션북스.

외국의 미디어 교육 사례 및 각 교과 교육과정 고찰을 통해 미디어 교육이 제도교육화될 수 있는 가능성을 검토하고 있습니다.

문혜성 외(2006). 『미디어 교육과 교수법』. 커뮤니케이션북스.

미디어 교육과 교수법에 대한 이론 및 실천 사례와 미디어 활용 교육을 위한 다양한 교수 설계 방법을 제시하고 있습니다.

요시미 슌야/안미라 역(2006). 『미디어 문화론』. 커뮤니케이션북스.

신문, 텔레비전, 그리고 PC와 휴대전화 등 다양한 미디어의 유래와 작용, 변혁의 가능성에 대해 강의하듯 쉽게 풀어 놓은 책입니다.

데이비드 버킹엄/정현선 역(2004). 『전자매체 시대의 아이들: 미디어 교육과 문화정책에 대한 전망』. 우리교육.

급변하는 미디어 환경에서의 아이들을 이해하는 데 도움을 줄 수 있는 책입니다.

데이비드 버킹엄/기선정, 김아미 공역(2004). 『미디어 교육』. JNBook.

미디어 교육의 필요성과 목표, 방법뿐 아니라 관련 연구에 대해 소개하고 있습니다.

아트 실버블랫 저/송일준 역(2004). 『미디어 리터러시 접근법』. 차송.

미디어 리터러시에 접근하는 다양한 시각을 통해 미디어의 내용을 비판적인 시각에서 파악할 수 있도록 해 줍니다.

스가야 아키코(2002). 『미디어 리터러시: 미국, 영국, 캐나다의 새로운 미디어교육 현장 보고』. 커뮤니케이션북스.

영국, 미국, 캐나다 등 각국의 미디어 리터러시 현장 사례를 통해 미디어가 어떻게 만들어지고 사용되는지, 그리고 수용자들이 미디어를 어떻게 이해하고 활용할 것인지를 보여 줍니다.

최창섭 외(2001). 『세상에서 가장 쉬운 매스미디어 101문 101답』. 커뮤니케이션북스.

매스미디어 일반 및 각각의 미디어에 대해 궁금해할 만한 내용들을 문답식으로 쉽게 풀이해 놓은 책입니다.

(2) 영화와 영상 커뮤니케이션 입문서

주세페 크리스티아노 저/김병철 외 공역(2008). 『영화, 텔레비전, 광고, 게임, 애니메이션 제작을 위한 최고의 스토리보드 만들기』. 시공아트.

아이디어 구상에서부터 제작, 활용에 이르기까지 스토리보드에 관한 거의 모든 것을 담고 있으며, 다양한 예시 자료들은 영상 문법을 교육하기 위한 자료로 활용할 수 있습니다.

장일 외(2008). 『영상과 커뮤니케이션: 현대사회와 영상문화』. 에피스테메.

영상 및 시각 커뮤니케이션 이론을 바탕으로 사진, 영화, 광고 등 다양한 영상 미디어의 의미 구조를 탐구하는 책입니다.

박연웅(2006). 『스토리보드의 이해』. 상상공방.

스토리보드의 중요성을 제시하며, 익히 봐 왔던 애니메이션, CF, 영화의 콘티가 중간 중간에 삽입되어 있어 흥미롭게 읽을 수 있습니다.

로이 톰슨 저/권창현 역(2004). 『숏의 문법』. 커뮤니케이션북스.

영상 언어를 처음으로 공부하고자 하는 사람들에게 간단한 내용 설명과 그림을 통해 성공적으로 영상을 촬영할 수 있는 방법들에 대해 설명해 주고 있습니다.

주창윤(2003). 『영상 이미지의 구조』. 나남출판.

영상 이미지가 구성되는 형식과 구조를 통해서 의미를 이해하고, 그 이미지가 갖는 사회적 의미를 탐구하였습니다.

김동훈(2003). 『여간내기의 영화교실 1, 2』. 컬처라인.

영화를 나름의 시각에서 감상할 수 있는 안목을 길러 주는 영화 감상 입문서입니다.

최상식(2001). 『영상으로 말하기』. 시각과 언어.

영상으로 어떻게 이야기를 전달할 것인가의 명제를 놓고 여러 작품들을 예로 들어, 풍부한 사진 자료와 함께 설명하고 있습니다.

다니엘 아루혼 저/최하원 역(2000). 『영화 언어의 문법』. 집문당.

영화 언어의 다양한 양상에 관한 사례를 들어 영화 서술의 기본 법칙들을 정리한 안내서입니다.

P. M. 레스터(1997). 『비주얼 커뮤니케이션: 메시지가 있는 이미지』. 나남.

사진, 그림을 곁들여 영상 이론을 설명하고, 영상 메시지와 이러한 메시지 전달을 위한 매체에 대해 설명하는 책입니다.

(3) 영상 제작을 쉽게 배울 수 있는 입문서

박지훈(2008). 『영화 제작 매스터북』. 책과 길.

영화 제작 전 단계에서부터 촬영, 편집에 이르기까지 영화 제작을 위한 정보들을 비교적 상세하게 담고 있습니다.

이동우(2008). 『동영상 UCC 쉽게 만들고 널리 뿌리기』. 이지앤.

편집 프로그램인 무비 메이커의 활용 방법과 편집한 동영상을 인터넷에 올리는 방법이 쉽게 설명되어 있습니다.

지역영상미디어센터 네트워크(2008). 『미디어센터와 함께하는 영상 미디어 교육』.

영상미디어센터에서 만든 성인 대상 영상 미디어 교육 교재로 영상을 배우고자 하는 초보자들이 영상 언어와 소통의 방식에 대해 쉽게 배울 수 있습니다.

비매품. 주안영상미디어센터 홈페이지(www.juancamf.or.kr) 자료실에서 제공받을 수 있습니다.

함성원(2008). 『검색어 1위 UCC 이렇게 만든다』. 커뮤니케이션북스.

UCC의 기획, 제작에 초점을 맞추어 전략과 방법을 소개하며, 기존 UCC를 다양한 방식으로 분류 · 분석하면서 아이디어를 제공해 줍니다.

김남곤(2007). 『누구나 할 수 있는 UCC, 내가 바로 UCC 최고 스타』. 도서출판 대림.

직접 동영상을 편집하거나 UCC 만드는 방법을 담고 있으며, 프로그램 다운받기에서부터 편집 · 저장 방법들을 예제와 함께 설명하고 있습니다.

한국인터넷진흥원(2007). 『UCC 이용자들을 위한 실천적 가이드라인』.

UCC 제작 및 유통에 관계되는 법률적 근거들을 담고 있습니다. 인터넷미디어교실 홈페이지(http://www.imucc.kr/)에서 pdf 파일 이용 가능

한국인터넷진흥원(2007). 『UCC 제작 도우미』.

저작권에 저촉되지 않은 콘텐츠들을 이용할 수 있는 사이트 정보를 담고 있습니다. 인터넷미디어교실 홈페이지(http://www.imucc.kr/)에서 pdf 파일 이용 가능

이선희 외(2005). 『영상제작 워크숍』. 연학사.

영상 언어와 영상 장비들에 대한 기본 지식을 바탕으로 촬영 및 음향, 조명 등 제작에 필요한 정보들을 얻을 수 있습니다.

문홍식(2001). 『청소년 영화 따라잡기: 영화 만들기 A to Z』. 시공사.

초보자를 위한 영화 제작 지침서로 영화 제작의 전 과정을 비교적 상세하게 설명하고 있습니다.

(4) 만화 및 만화 교육

윌 아이스너 저/이재형 역(2009). 『만화와 연속예술』. 비즈앤비즈.

만화의 대가로 불리는 윌 아이스너의 경험을 담아 칸 짜기와 말풍선, 인체의 표현, 그림 및 스토리 짜기 등 한 편의 만화가 만들어지는 과정을 구체적으로 설명하고 있습니다.

스콧 맥클루드 저/김낙호 외 공역(2008). 『만화의 이해』. 비즈앤비즈.

최고의 만화 이론서라는 평이 손색이 없을 만큼 언어로서의 만화의 다양한 시각적 상징들을 심도 있으면서도 친근하게 설명해 주고 있습니다.

이수진(2007). 『만화기호학』. 씨앤씨 레볼루션.

기호학 이론을 중심으로 우리에게 친숙한 만화를 예로 들어 서술 방식과 의미 구조를 분석하고 있는 책입니다.

박경이(2004). 『만화 학교에 오다』. 우리 교육.

현직 중학교 국어교사가 쓴 책으로 아이들에게 만화를 어떻게 가르칠 것인지에 대한 고민이 담겨 있습니다.

백준기(2001). 『만화 미학 탐문: 만화텍스트의 기호적 구축을 위하여』. 다섯수레.

만화의 미학적 측면을 탐구하는 책으로 다소 어렵게 느껴질 수 있으나 다양한 도표와 예시, 그림들이 적절한 설명과 함께 실려 있습니다.

(5) 애니메이션 및 애니메이션 교육

일본애니메이터 6인회(2005). 『애니메이션 교실』. 은행나무.

애니메이션의 정의부터 애니메이션 제작 과정까지 애니메이션의 기초 지식과 테크닉을 익힐 수 있는 기초 교재입니다.

크리스 패트모어 저/최유미 역(2004). 『애니메이션 이렇게 만든다: 스토리 구상에서 3D CGI까지』. 한울.

스토리텔링에서부터 셀, 스톱 액션, 3D 컴퓨터 애니메이션에 이르는 애니메이션 제작에 관한 다양한 방법을 담고 있습니다.

김준양(2001). 『애니메이션, 이미지의 연금술』. 한나래.

애니메이션 영화는 하나의 독립된 예술 형식이라는 기본 이해를 바탕으로 독자들에게 다양하고 폭넓은 애니메이션 자료를 제공해 줍니다.

리처드 테일러 저/한창완 역(1999). 『애니메이션 제작기법의 모든 것』. 한울.

고전적인 셀 방식 기법에서부터 3차원 애니메이션 기법까지, 애니메이션의 발전 과정에서 등장한 모든 제작 방식을 파트별로 구분하여 해설하고 있습니다.

황선길(1999). 『애니메이션의 이해』. 디자인하우스.

애니메이션의 역사에서부터 애니메이션 기획과 제작에 이르기까지의 전 과정을 400여 컷의 원색 도판과 풍부한 해설을 통해 알기 쉽게 서술하고 있습니다.

(6) 사진 입문서

황현숙(2005). 『난, 디카 사진으로 영화 같은 애니메이션을 만든다』. 피씨북.

눈으로만 즐겼던 애니메이션 효과를 간단한 소프트웨어를 활용해서 직접 만들어 볼 수 있도록 해 줍니다.

김형준 외(2005). 『테마별로 찍어보는 디지털 카메라』. 정보문화사.

요리, 애완동물, 여행 사진 등 테마에 따른 맞춤식 사진 촬영과 다양한 활용 방안을 제시하고 있습니다.

(7) 디지털 스토리텔링

차봉희 편저(2007). 『디지로그 스토리텔링 : 디지털 시대의 문화, 예술, 그리고 커뮤니케이션』. 문매미.

전자 공간의 스토리텔링이 네트워크 환경 속에서 발휘하는 새로운 형식의 커뮤니케이션 테마에 초점을 맞추어 구성되어 있습니다.

캐롤린 핸들러 밀러 저/이연숙 외 공역(2006). 『디지털미디어 스토리텔링』. 커뮤니케이션북스.

전통적 스토리텔링과 더불어 훌륭한 인터랙티비티 엔터테인먼트로서의 디지털미디어 스토리텔링의 가능성을 탐구하고 있습니다.

이인화 외(2003). 『디지털 스토리텔링』. 황금가지.

다양한 실례를 통해 재미있고 감동적인 디지털 스토리텔링을 창작할 수 있는 원리를 논의하고 있습니다.

오진곤(2005). 『비주얼 스토리텔링』. 한국방송영상산업진흥원.

스케치북 작업과 영상 분석, 영상 언어에 대한 이해를 통해 기본적인 영상 제작 기법들을 탐구하고 있습니다.

(8) 국어교육 관련 매체 언어교육 입문서

윤여탁 외(2008). 『매체 언어와 국어교육』. 서울대학교출판부.

매체 교육의 국어교육적 수용에 관한 당위로부터 이론적 논의와 교수 · 학습 방법에 이르기까지 매체 교육을 준비하는 교사에게 도움이 될 수 있는 책입니다.

전국국어교사모임 매체연구부(2005). 『매체 교육의 길 찾기』. 나라말.

국어시간에 매체 교육을 실천하기 위한 현장 국어 선생님들의 고민이 담겨 있는 책입니다.

우한용 외(2003). 『신문의 언어문화와 미디어교육』. 서울대학교 출판부.

신문에 나타난 표현 방식 및 이데올로기, 언어문화적 특성 등에 대한 고찰을 통해 국어교육 내 미디어 교육을 실천하기 위한 생각들을 담고 있습니다.

김대행 외(2003). 『하이퍼텍스트 언어문화 이해교육』. 서울대학교 출판부.

미디어 발달이 가져온 의사소통 방식의 변화에 주목하여 국어교육적 실천 방안을 모색하고 있습니다.

(9) 미술교육 관련 시각문화 교육 입문 교과서

전국미술교과 모임, 문화연대(2008). 『시각문화 교육 관점에서 쓴 미술교과서』. 휴머니스트.

인천미술교육연구모임 틔울(2008). 『시각문화 교육 프로그램 : 미술교육 대안 교과서』. 동연출판사.

시각문화 이해하기라는 미술교육의 새로운 시대적 요구에 대해 현장의 미술 교사들의 수년간의 고민을 담은 대안 교과서로 이미지에 관한 다양한 활동들이 소개되어 있습니다.

참고문헌

교육과학기술부(2008). 2007년 개정 초등학교 교육과정 해설 3: 국어, 도덕, 사회. 대한교과서.

기선정, 김아미 공역(2004). 미디어 교육: 학습, 리터러시, 그리고 현대문화(D. Buckingham 저). JNBook.

김낙호 역(2001). 만화의 이해(S. McCloud 저). 시공사.

유현주 역(2008). 보이지 않는 것의 경제(N. Boltz 저). 문학동네.

윤석민(2007). 커뮤니케이션의 이해. 커뮤니케이션북스.

윤여탁 외(2008). 매체언어와 국어교육. 서울대학교 출판부.

이희재 역(2007). 말하기의 다른 방법(J. Berger & J. Mohr 공저). 눈빛.

정현선 역(2004). 전자매체 시대의 아이들(D. Buckingham 저). 우리교육.

정현선(2007). "기호와 소통으로서의 언어관에 따른 매체언어교육의 목표에 관한 고찰". 국어교육연구, 제19집. 서울대학교 국어교육연구소.

정현선(2008). 인터넷 공간에 대한 저자의 인식과 글쓰기 윤리. 작문연구, 제6집. 한국작문학회.

진승현, 이종숙 공역(2005). 미네르바의 올빼미가 날기 전에 인터넷을 생각한다(M. Poster 저). 이제이북스.

최미숙 외(2008). 국어교육의 이해. 사회평론사.

한국언론학회 미디어교육위원회(2007a). 미디어 알아보기: 초등학교 저학년 미디어 교육 교재. 방송통신위원회.

한국언론학회 미디어교육위원회(2007b). 미디어 알아보기: 초등학교 저학년 미디어 교육 지침서. 방송통신위원회.

한국언론학회 미디어교육위원회(2007c). 미디어 세상보기: 초등학교 고학년 미디어 교육 교재. 방송통신위원회.

한국언론학회 미디어교육위원회(2007d). 미디어 세상보기: 초등학교 고학년 미디어

교육 지침서. 방송통신위원회.
현은자 외(2004). 그림책의 그림 읽기. 마루벌.

Qualifications and Curriculum Authority (2007). *English: Programme of study for key stage 3 and attainment targets* (http://www.qca.org.uk/curriculum).
Quin, R., McMahon, B., & Quin, R. (1996). *Teaching Viewing and Visual Texts: Primary English Curriculum and Teaching Program.* Carlton: Curriculum Corporation.

찾아보기

| 저자 소개 |

■ 정현선

영국 런던대학교 Institute of Education 미디어교육전공(철학박사)
현 경인교육대학교 국어교육과 교수

〈주요 저서〉
다매체 시대의 국어교육과 문화교육(역락, 2004)
미디어 교육과 비판적 리터러시(커뮤니케이션북스, 2007)
국어교육의 이해(공저, 사회평론, 2008)
매체언어와 국어교육(공저, 서울대학교출판부, 2008) 외 다수

■ 이미숙

한양대학교 대학원 국어교육과 박사과정
현 옥터초등학교 교사

■ 기성윤

경인교육대학교 교육대학원 초등국어교육 전공 석사과정
현 인천갈월초등학교 교사

경인교육대학교 특성화사업단 T-멘토링 총서 2

영상 이미지, 어떻게 가르칠까?
-초등교사를 위한 영상 언어교육 길라잡이-

2010년 1월 7일 1판 1쇄 인쇄
2010년 1월 12일 1판 1쇄 발행

지은이 • 정현선 · 이미숙 · 기성윤
펴낸이 • 김진환
펴낸곳 • (주) 학지사
121-837 서울특별시 마포구 서교동 352-29 마인드월드빌딩 5층
대표전화 • 02)330-5114 팩스 • 02)324-2345
등록번호 • 제313-2006-000265호

홈페이지 • http://www.hakjisa.co.kr
커뮤니티 • http://cafe.naver.com/hakjisa

ISBN 978-89-6330-117-4 94370
978-89-6330-100-6 (set)

정가 12,000원

저자와의 협약으로 인지는 생략합니다.
파본은 구입처에서 교환해 드립니다.

이 책을 무단 전재 또는 복제 행위 시 저작권법에 따라 처벌을 받게 됩니다.

인터넷 학술논문 원문 서비스 **뉴논문** www.newnonmun.com